Zeitschrift für Betriebswirtschaft

Special Issue 4/2005

Reverse Logistics II

ZfB-Special Issues

1/2002 Marketing-Management
Herausgeber: Horst Albach/Christoph Weiser
190 Seiten. ISBN 3 409 11984 1

2/2002 Unternehmensentwicklung im Wettbewerb
Herausgeber: Horst Albach/Bernd Schauenberg
164 Seiten. ISBN 3 409 11996 5

3/2002 Privatisierung von öffentlichen Unternehmen
Herausgeber: Horst Albach/Eberhard Witte
117 Seiten. ISBN 3 409 12075 0

4/2002 Sportökonomie
Herausgeber: Horst Albach/Bernd Frick
262 Seiten. ISBN 3 409 12282 6

5/2002 Gründungs- und Überlebenschancen von Familienunternehmen
Herausgeber: Horst Albach/Andreas Pinkwart
173 Seiten. ISBN 3 409 12330 X

1/2003 Die Zukunft des Electronic Business
Herausgeber: Horst Albach/Johannes Hummel
159 Seiten. ISBN 3 409 12380 6

2/2003 Von der Gründung bis zur Insolvenz
Herausgeber: Horst Albach/Andreas Pinkwart
156 Seiten. ISBN 3 409 12397 0

3/2003 Hochschulmanagement
Herausgeber: Horst Albach/Peter Mertens
204 Seiten. ISBN 3 409 12415 2

4/2003 Personalmanagement
Herausgeber: Horst Albach
176 Seiten. ISBN 3 409 12414 4

5/2003 Ökonomische Analyse von Governance-Strukturen
Herausgeber: Günter Fandel/Peter J. Jost
96 Seiten. ISBN 3 409 12450 0

1/2004 Produktion von Dienstleistungen
Herausgeber: Günter Fandel/Horst Wildemann
130 Seiten. ISBN 3 409 12643 0

2/2004 Finanzwirtschaftliche Information, Anreizgestaltung und Kontrolle
Herausgeber: Günter Fandel/Bernd Rudolph/Wolfgang Kürsten
106 Seiten. ISBN 3 409 12722 4

3/2004 Real Options
Herausgeber: Thomas Dangl/Michael Kopel/Wolfgang Kürsten
158 Seiten. ISBN 3 409 03443 9

4/2004 Strategische Anreizsetzung im Unternehmen
Herausgeber: Günter Fandel/Peter J. Jost
110 Seiten. ISBN 3 409 14280 0

1/2005 Revenue Management
Herausgeber: Günter Fandel/Hans Botho von Portatius
124 Seiten. ISBN 3 8439 0050 8

2/2005 Perspektiven der Kommunikationspolitik
Herausgeber: Manfred Krafft
114 Seiten. ISBN 3 8349 0108 3

3/2005 Reverse Logistics I
Herausgeber: Günter Fandel/Joachim Reese
114 Seiten. ISBN 3 8349 0109 1

Reverse Logistics II

Herausgeber

Prof. Dr. Günter Fandel

Prof. Dr. Joachim Reese

GABLER

Die Deutsche Bibliothek – CIP-Einheitsaufnahme

Zeitschrift für Betriebswirtschaft : ZfB. – Wiesbaden :
Betriebswirtschaftlicher Verl. Gabler
Erscheint monatl. – Aufnahme nach Jg. 67, H. 3 (1997)
Reihe Ergänzungsheft: Zeitschrift für Betriebswirtschaft /
Ergänzungsheft. Fortlaufende Beil.: Betriebswirtschaftliches
Repetitorium. – Danach bis 1979: ZfB-Repetitorium
ISSN 0044-2372
2005, Special Issue 4. Reverse Logistics II
Herausgeber: Prof. Dr. Günter Fandel, Prof. Dr. Joachim Reese – Wiesbaden: Gabler, 2005
(Zeitschrift für Betriebswirtschaft; 2005, Special Issue 4)
ISBN 978-3-8349-0134-7

Lektorat: Susanne Kramer/Annelie Meisenheimer

Der Gabler Verlag ist ein Unternehmen von Springer Science+Business Media.

http://www.gabler.de
http://www.zfb-online.de

Satz: Fotosatz-Service Köhler GmbH, Würzburg

ISBN 978-3-8349-0134-7

Zeitschrift für Betriebswirtschaft, Special Issue 4/2005

Editorial

Nachdem ein erstes Sonderheft der Zeitschrift für Betriebswirtschaft zum Themenbereich *Reverse Logistics* sich bereits mit Fragen zur strategischen Ausrichtung sowie zur Organisation befasst hat, konzentriert sich dieses Heft hauptsächlich auf quantitative Modelle zur operativen Planung. Die Idee eines geschlossenen Wirtschaftskreislaufs, die in der anglo-amerikanischen Literatur auch als „Closed-Loop Supply Chain" bezeichnet wird, stellt gerade in Bezug auf die operative logistische Steuerung eine große Herausforderung dar, da das zugrunde liegende Logistiksystem erheblich komplexer ist, als es von den traditionellen Wertschöpfungsketten her bekannt ist. So kommt es nicht nur darauf an, herkömmliche Planungsmethoden in einer neuen Problemumgebung zu adaptieren. Vielmehr erfordern die rückwärts gerichteten logistischen Aktivitäten zum Teil grundlegend neue Modelle mit entsprechenden Lösungsmethoden. Nur wenn auch die Gestaltungsalternativen der operativen *Reverse Logistics* voll genutzt werden können, besteht Aussicht, dass sich die Systeme in der Unternehmenspraxis etablieren können und der häufig zitierte Ökologie-Ökonomie-Konflikt u.U. zu einem integrierten Konzept nachhaltigen Wirtschaftens umgekehrt werden kann.

Im letzten Jahrzehnt hat sich die quantitative Modellierung von operativen Problemen zur *Reverse Logistics* zu einem international ausgerichteten Forschungsschwerpunkt konzentriert, in dem eine Reihe schwieriger logistischer Entscheidungen problematisiert und mit Hilfe mathematischer Methoden zu lösen versucht wurde. Wichtige Ergebnisse sind z.B. in den Publikationen von Dyckhoff/Lackes/Reese: Supply Chain Management and Reverse Logistics (2003) und Dekker/Fleischmann/Inderfurth/Van Wassenhove: Reverse Logistics: Quantitative Models for Closed-Loop Supply Chains (2004) nachzulesen. Dieses Sonderheft enthält nun einige neuere Arbeiten aus den Bereichen Lagerhaltungs-, Losgrößen-, Touren- und Kostenplanung, mit denen ein vertiefter Einblick in das Management einzelner Teilprobleme der *Reverse Logistics* gegeben wird.

Letmathe setzt sich allgemein mit der Kalkulation von Kosten im Zusammenhang mit der Wieder- bzw. Weiterverwertung von Abfällen anhand von ausgewählten Forschungsfeldern im Bereich *Reverse Logistics* auseinander. Obwohl die pagatorischen Kosten recycelter und neuer Güter in der Regel voneinander abweichen, ist ein solcher unterschiedlicher Wertansatz aus kostenrechnerischer Sicht nicht zu rechtfertigen. Vielmehr sind fallweise einheitliche, wertmäßige Kosten anzusetzen, wie es der Verfasser detailliert begründet. Im Übrigen zeigt der Beitrag, wie Rücklaufströme stets umfassend und in Abhängigkeit von den zuvor getroffenen Entscheidungen zu beurteilen sind. So sind systemische Auswirkungen, wie etwa die Beachtung später anfallender Rücknahme- und Aufarbeitungskosten, ebenso frühzeitig zu beachten wie Unsicherheiten über Rückgabezeitpunkte und -qualitäten von Altgeräten. Wie die gesamten Lebenszykluskosten praktisch kalkuliert werden können, wird anhand eines Beispiels aus der Automobilindustrie demonstriert. Folgt man den Ausführungen von *Letmathe*, so darf man umgekehrt schließen, dass eine ungenaue bzw. unvollständige Erfassung der Kosten in einer Closed-Loop Supply Chain ein besonderes Gefahrenpotenzial beinhaltet, da die komplexen Abhängigkeiten nicht immer richtig erkannt werden und häufig zu unerwünschten Ergebnissen im Hinblick auf die bestmögliche Verwertung demontierter Produkte bzw. Komponenten führt.

Ein zentrales Problem von *Reverse Logistics* stellt die Unsicherheit dar, die mit der Rückführung von Produkten und Teilen in den Wirtschaftskreislauf einhergeht. Im Beitrag von *Inderfurth* wird zwischen der Unsicherheit in Bezug auf den zeitlichen Anfall von Altprodukten bzw. Ausschuss sowie der Ausbeuteunsicherheit der rückgeführten Produkte unterschieden. Birgt bereits die Entscheidung zwischen einer Neuproduktion sowie der Aufbereitung von Altprodukten ein erhebliches Problempotenzial, so wird die Lösungsfindung durch die Unsicherheit in Bezug auf die Rückführung weiter erschwert. In dem Beitrag wird unter Zugrundelegung der Idee des „Newsboy-Problems" ein Modell für ein Bestellrhythmusverfahren konstruiert, mit dem eine optimale Aufteilung zwischen Neuproduktion und Aufarbeitung von Altprodukten möglich ist. Der Verfasser zeigt, wie die von ihm entwickelte Dispositionsregel unter verschiedenen Modellannahmen anzupassen ist. Dabei werden im Wesentlichen die Fälle externer und interner Rückflüsse sowie identischer bzw. unterschiedlicher Durchlaufzeiten bei Neuproduktion bzw. Aufarbeitung unterschieden. Aus der Bestimmung der Dispositionsparameter lassen sich unter Berücksichtigung gegebener Wahrscheinlichkeitsverteilungen für die Rückführungsprozesse zudem Aussagen zur Festlegung der Sicherheitsbestände herleiten, mit denen ein gegebener Servicegrad bestmöglich realisiert werden kann.

Richter und *Gobsch* unterscheiden ebenfalls zwischen der Rücknahme von Produkten nach bzw. vor ihrer wirtschaftlichen Nutzung. Die Produkte gehen also entweder als Ausschuss bzw. Reklamation oder als Altprodukt wieder in den Wirtschaftskreislauf ein. Ihre Untersuchung konzentriert sich jedoch vornehmlich auf die Rüstkostenproblematik. Während in der Theorie der Ausgleich zwischen Rüst- und Lagerkosten eine zentrale Rolle spielt, wird in der Praxis oft die Festlegung einer Mindestlosgröße bei der Neuproduktion sowie Aufarbeitung von Altprodukten beobachtet. Auf dieser Grundlage entwickeln *Richter* und *Gobsch* ein allgemeines Optimierungsmodell, das hinsichtlich verschiedener Annahmen über die Mindestlosgröße, die Bedarfsparameter, das Rückflussvolumen sowie die Struktur der Lagerkosten in mehrere Varianten unterteilt und mit Hilfe eines hybriden Verfahrens der dynamischen Optimierung und kombinatorischen Analyse gelöst wird. Anhand von Beispielrechnungen werden Modellierung und Lösungsprozess veranschaulicht.

Ein Problembereich von *Reverse Logistics*, dem bisher noch nicht so viel Aufmerksamkeit geschenkt worden ist, betrifft den Transport von Abfällen zur Verwertung und Beseitigung. Während die Bestands- und Losgrößenplanung vorrangig das Mengenproblem erfasst, behandelt die Tourenplanung das Zeitproblem. *Reese* und *Urban* zeigen, wie sich die Struktur der Tourenplanung ändert, wenn alle im Produktionsprozess anfallenden Haupt- und Nebenprodukte zeitgleich weiter zu verarbeiten, zu verwerten bzw. zu beseitigen sind. Im Gegensatz zur Losgrößenplanung soll mit diesem Ansatz dem Gedanken der „Just-in-Time"-Logistik Rechnung getragen werden. Für die komplizierte Problemstruktur wird als Lösungsansatz eine Metaheuristik vorgeschlagen, die die Idee des „Simulated Annealing" aufgreift. Simulationsrechnungen geben Aufschluss über die Güte der im Verfahren unterschiedenen Konstruktions- und Verbesserungsregeln zum Auffinden des optimalen Tourenplans.

Prof. Dr. Günter Fandel
FernUniversität in Hagen

Prof. Dr. Joachim Reese
Universität Lüneburg

Kostenrechnerische Implikationen für verschiedene Forschungsfelder der Reverse Logistics

Von Peter Letmathe

Überblick

- Kostenrechnungsaspekte wurden bisher im Bereich der Reverse Logistics mit der Ausnahme der Bestimmung von Lagerhaltungskosten kaum betrachtet, obwohl in den unterschiedlichen Forschungsfeldern immer wieder Kostendaten verwendet werden.
- Mithilfe eines morphologischen Kastens werden die Forschungsfelder im Themenfeld „Reverse Logistics" systematisch klassifiziert, um darauf aufbauend ausgewählte kostenrechnerische Aspekte aufzugreifen.
- Mit der Bewertung von Rücklaufströmen, systemischen Aspekten, den Wagniskosten und der sachgerechten Kostenzurechnung werden wesentliche kostenrechnerischere Grundprobleme von Reverse Logistics aufgegriffen und lösungsorientiert erörtert.
- Die Lösungsansätze werden auf ausgewählte kostenrechnerische Entscheidungsprobleme angewendet. Dies ermöglicht es, einen allgemeinen Ansatz für die Bildung von internen Verrechnungspreisen unter Einbeziehung von Lebenszyklusphasen übergreifenden Kosten zu entwickeln.
- Die gewonnenen Erkenntnisse werden anschließend auf ein praxisnahes Beispiel übertragen. Es kann gezeigt werden, dass Rücknahmeverpflichtungen in spezifischen Situationen für Hersteller selbst dann sinnvoll sein können, wenn sie eine freiwillige Produktrücknahme aufgrund von Kostenüberlegungen ablehnen würden.

Eingegangen: 17. März 2005

Prof. Dr. Peter Letmathe, Inhaber des Lehrstuhls für BWL (Wertschöpfungsmanagement) an der Universität Siegen, Vorstandsvorsitzender des Siegener Mittelstandsinstituts, Hölderlinstr. 3, 57068 Siegen
Hauptarbeitsgebiete: Betriebswirtschaftslehre und Umweltschutz, umweltbezogene Kostenrechnung, Produktionsmanagement von mittelständischen Unternehmen, Kostenrechnungs- und Anreizkonzepte bei Organisationen mit hohem Dezentralisationsgrad, Internes Unternehmertum

ZfB
ZEITSCHRIFT FÜR BETRIEBSWIRTSCHAFT

A. Einleitung

Die Bedeutung des Gebiets „Reverse Logistics" ist in den letzten zehn Jahren massiv gestiegen. Dies hängt zum einen mit einer Veränderung der rechtlichen Rahmenbedingungen zusammen, die sich beispielsweise durch das seit 1996 gültige Kreislaufwirtschafts- und Abfallgesetz sowie durch entweder bereits in Kraft getretene oder zukünftige Rücknahmeverpflichtungen ergeben, z.B. für Altfahrzeuge, für Elektroschrott etc.[1] Zum anderen führen betriebswirtschaftliche Erwägungen dazu, dass aufgrund der teilweise stark gestiegenen Rohstoffpreise mithilfe von Recycling Kosten gesenkt werden können. Unter Recycling werden in diesem Zusammenhang alle Maßnahmen verstanden, die zu einer Rückführung von stofflichen und/oder energetischen Rückständen aus Produktion/Konsum zur Nutzung in Produktions- und/oder Konsumtionsprozessen beitragen.[2] Mit dem Recycling ist das Ziel der Verwertung der Rücklaufströme verbunden. Die Verwertung umfasst die Substitution von primären Rohstoffen durch das Gewinnen von Sekundärrohstoffen aus Rücklaufströmen, also durch das Recycling.[3] Beide Begriffe werden im Kontext dieses Artikels weitgehend synonym verwendet; die Verwertung umfasst jedoch immer die im Sinne des Kreislaufwirtschafts- und Abfallgesetzes erforderliche Substitution von Rohstoffen.

Der Begriff des Recycling ist eng mit dem Begriff der Reverse Logistics verknüpft, den Fleischmann als den „process of planning, implementing, and controlling the efficient, effective inbound flow and storage of secondary goods and related information opposite to the traditional supply chain direction for the purpose of recovering value or proper disposal" definiert.[4] Tatsächlich gehen viele Reverse Logistics-Modelle über die reinen logistischen Stoff- und Informationsflüsse hinaus und beziehen die Recyclingaktivitäten, z.B. in Form der Aufbereitungskosten, mit in die Betrachtung ein.[5] Es erscheint daher auch für diesen Artikel sinnvoll, den zumindest oft implizit benutzten Reverse Logistics-Begriff zu verwenden, der neben den logistischen auch Recyclingaktivitäten umfasst.

Zahlreiche Veröffentlichungen[6] in hochrangigen Zeitschriften zeigen, dass das Gebiet der Reverse Logistics auch im wissenschaftlichen Bereich einen hohen Stellenwert hat.[7] Dies hängt neben der gestiegenen praktischen Bedeutung von Reverse Logistics auch mit der großen Breite des Gebiets zusammen, das eine Bearbeitung aus der Perspektive unterschiedlicher Forschungsfelder zulässt. So ist der Bereich Reverse Logistics beispielsweise aus der Sicht nahezu aller betrieblichen Funktionen relevant.

Die bisherige Literatur hat einen eindeutigen Schwerpunkt in der Anwendung von Methoden des Operations Research zur Lösung von Problemen im Bereich der Reverse Logistics. Dies hängt mit der sehr erfolgreichen Arbeit der RevLog-Gruppe zusammen, an der die Erasmus University Rotterdam, die Aristoteles University of Thessaloniki, die Eindhoven University of Technology, das INSEAD, die Otto-von-Guericke University of Magdeburg und die University of Piraeus beteiligt sind.[8] Alleine aus dieser von der EU finanzierten Arbeitsgruppe sind über 150 Publikationen hervorgegangen.

Trotz dieser Vielfalt an Publikationen sind kostenrechnerische Aspekte von Reverse Logistics bisher in erster Linie mit Bezug auf die Lagerhaltungskosten behandelt worden.[9] Lagerhaltungskosten sind jedoch nur ein kostenrechnerischer Aspekt. Wie noch gezeigt wird, existieren zahlreiche weitere Forschungsfelder im Bereich Reverse Logistics, für die in vielen Fällen kaum kostenrechnerische Überlegungen publiziert worden sind. Das

Ziel des vorliegenden Artikels besteht daher darin, kostenrechnerische Aspekte von Reverse Logistics zu systematisieren und auf einige ausgewählte kostenrechnerische Problemfelder exemplarisch einzugehen. Hierbei liegt es nahe, auch Konzepte, die im Rahmen von umweltbezogenen Kostenrechnungen erarbeitet worden sind, heranzuziehen.[10]

Um die kostenrechnerische Relevanz in einzelnen Forschungsfeldern der Reverse Logistics näher zu beleuchten, ist der Artikel wie folgt aufgebaut: Im Teil B werden zunächst Kriterien zur Abgrenzung von Forschungsfeldern festgelegt. Für jedes Kriterium ergeben sich verschiedene Ausprägungen, die sich mithilfe eines morphologischen Kastens zu Ausprägungskombinationen bündeln lassen. Jede dieser Kombinationen steht für ein mögliches Forschungsfeld. Teil C untersucht kostenrechnerische Grundprobleme und Lösungsansätze im Bereich der Reverse Logistics. Bewertungsspielräumen kommt hierbei eine bedeutende Rolle zu, da sich häufig eine Diskrepanz zwischen dem pagatorischen Preis und dem Wert eines Rücklaufstroms ergibt. Teil D beschäftigt sich mit der kostenrechnerischen Bewertung von Rücklaufströmen. Anschließend werden diese im Rahmen einer Lebenszyklus übergreifenden Betrachtung den ursprünglichen Einsatzfaktoren zugerechnet. Ein praxisnahes Beispiel beleuchtet die hohe Entscheidungsrelevanz und damit die hohe Bedeutung der sachgerechten kostenrechnerischen Erfassung und Zurechnung von Rücklaufströmen.

B. Klassifizierung von Forschungsfeldern der Reverse Logistics

Will man das Gebiet der Reverse Logistics in seiner gesamten Spannbreite erfassen, so ist es sinnvoll, zunächst Gliederungskriterien festzulegen, mit deren Hilfe die möglichen Stoßrichtungen des gesamten Forschungsgebiets systematisch erfasst werden können. Für jedes dieser Kriterien ergeben sich verschiedene Ausprägungen, die die Untersuchungsschwerpunkte innerhalb eines Kriteriums angeben. Auf diese Weise kommt man zu einer sinnvollen Systematik, die zugleich aufzeigt, dass das Gesamtgebiet „Reverse Logistics" in vielen Bereichen bislang wissenschaftlich kaum erschöpfend untersucht wurde. Zunächst sind daher die einzelnen Gliederungskriterien und deren mögliche Ausprägungen näher zu diskutieren:

- Fokus: Der Fokus umfasst die organisatorische Einheit bzw. das (Teil-)System, auf die bzw. auf das eine Fragestellung bezogen wird. Hierbei kann es sich beispielsweise um einzelne Betriebe,[11] um Logistikdienstleister,[12] um Zulieferer, um Kunden oder um die gesamte Supply Chain[13] handeln. In einem Betrieb könnte beispielsweise die Ausgestaltung einer Recycling-Aktivität inklusive des Managements der hierfür notwendigen Stoff- und Informationsflüsse im Vordergrund stehen. Bei einem Logistikdienstleister wäre beispielsweise die Ausgestaltung eines Sammelsystems, die Routenplanung etc. relevant. Diese Aufzählung lässt sich für alle fünf Ausprägungen weiter fortsetzen.
- Funktion: Dieses Kriterium hebt darauf ab, welche betriebliche Funktion – wie Beschaffung,[14] Produktion, Absatz, Entsorgung und Logistik – im Mittelpunkt der Betrachtung steht. Beispielsweise sind im Rahmen der Beschaffung Rücklaufströme und der Einkauf von Primärstoffen bzw. neu gefertigten Bauteilen miteinander zu koordinieren. Die Produktion bedingt z.B. die Durchführungsplanung einer Recyclingaktivität. Beim Ab-

satz muss sichergestellt sein, dass die Verwendung von Sekundärstoffen bei der Erstellung der betrieblichen Leistung nicht zu einer zurückgehenden Nachfrage führt bzw. dass für Sekundärprodukte neue Absatzkanäle erschlossen werden. Die Funktion Entsorgung erfordert beispielsweise die Entscheidung, welche Rückstände verwertet bzw. beseitigt werden sollen bzw. müssen, sowie die Sortierung von Abfällen und die Wahl eines geeigneten Entsorgers. Logistische Fragestellungen beschäftigen sich mit der Planung, Steuerung und Kontrolle der eingehenden bzw. das System verlassenden Rücklaufströme.

- Rückgabegrund:[15] Als Gründe für den Anfall von Rücklaufströmen können Produktionsrückstände in Form von unerwünschten Kuppelprodukten, das Rückgaberecht aufgrund von rechtlichen Regelungen, die Rückgabe von Verkaufs- und Transportverpackungen,[16] das Eintreten eines Garantiefalls oder die Rücknahme eines Altprodukts nach dem Ende seiner Nutzungsdauer genannt werden. Jeder dieser Rückgabegründe bringt andersartige Auswirkungen und damit Entscheidungsprobleme mit sich. Bei Produktionsrückständen ist festzulegen, ob eine Verwertung oder Beseitigung stattfinden soll. Im Fall der Verwertung ist anschließend zwischen internem und externem Recycling zu entscheiden. Beim internen Recycling stellt sich wiederum die Frage nach der konkreten Ausgestaltung der Recyclingaktivität. Bei der Rückgabe von Neuprodukten, z.B. aufgrund von Nichtgefallen oder fehlender Passgenauigkeit bei Katalogverkäufen oder Internetbestellungen,[17] werden die Produkte in der Regel wieder als Neuprodukte angeboten. In diesem Fall ist sicherzustellen, dass kein für den Kunden fühlbarer Qualitätsunterschied im Vergleich zu einem echten Neuprodukt besteht. Gegebenenfalls sind dazu Reinigungs- oder Überarbeitungsvorgänge notwendig. Bei der Rückgabe von Verkaufsverpackungen[18] können diese entweder für den gleichen Zweck wieder eingesetzt werden, wie Euro-Paletten oder in der Industrie übliche standardisierte Transportbehälter, oder sie müssen wie Produktionsrückstände verwertet oder beseitigt werden. Beim Eintreten eines Garantiefalls ist zunächst zu entscheiden, ob und gegebenenfalls wie eine Prüfung des zurückgegebenen Produkts erfolgen soll. Liegt tatsächlich ein Fehler bei einer garantierten Leistung vor, so erfolgt entweder eine Reparatur des fehlerhaften oder die Auslieferung eines neuen Produkts. Die Rücknahme eines Altprodukts am Ende seiner Nutzungsdauer kann entweder aufgrund einer rechtlichen Rücknahmeverpflichtung oder aufgrund des ökonomischen Interesses des Produktherstellers erfolgen. Bei einer Rücknahmeverpflichtung sind die Recyclingaktivitäten so auszugestalten, dass sie den rechtlichen Anforderungen genügen und zugleich den wirtschaftlichen Erfolg des Produktherstellers nicht beeinträchtigen bzw. sogar erhöhen. Eine freiwillige Rücknahme wird in der Regel durch das erfolgswirtschaftliche Kalkül motiviert.
- Betrachtungsrichtung: Während das Gebiet Reverse Logistics auch als Rückführungslogistik bezeichnet wird, können ebenso Elemente einer vorwärts gerichteten Logistik in die Betrachtung einfließen. Bei rückwärts gerichteten Strömen kann es sich z.B. um die Rückführung eines Altprodukts zum Hersteller oder einer Verkaufsverpackung zum Logistikdienstleister handeln. Vorwärts gerichtete Ströme als Folge von Reverse Logistics sind gegeben, wenn beispielsweise ein aufgearbeitetes Altprodukt oder ein Bauteil an einen Gebrauchtprodukt- oder -teilehändler weitergegeben wird. Somit können neue Absatzkanäle erforderlich werden, die in unmittelbarem Zusammenhang zur Recy-

clingaktivität stehen. Neben einer ausschließlich vorwärts gerichteten oder ausschließlich rückwärts gerichteten Betrachtung ist auch eine Kombination beider Betrachtungsweisen möglich, z.B. um grundsätzlich unterschiedliche Logistikkonzepte sinnvoll miteinander verknüpfen zu können.

- Gegenstand: Gegenstand der Betrachtung können grundsätzlich Stoffflüsse, Informationsflüsse, Anreizsysteme oder eine Kombination aus den vorgenannten Punkten sein. Bei Stoffflüssen erfolgt eine Analyse der Stoff- und Energieströme zwischen den einzelnen Akteuren eines logistischen Systems, die sich mit Instrumenten des Stoffstrommanagements darstellen lassen. Bei Informationsflüssen ist die Ausgestaltung des für die Optimierung eines Logistiksystems erforderlichen Informationssystems Mittelpunkt der Untersuchung. Ein derartiges Informationssystem hat die Aufgabe, für jeden Akteur des logistischen Systems entscheidungsrelevante Informationen bereitzustellen, so dass entweder eine Optimierung des Gesamtsystems oder zumindest Verbesserungen aus Sicht einzelner Akteure möglich sind. Zu einem solchen Informationssystem zählen beispielsweise Informationen über die Kosten einzelner Recyclingaktivitäten, über die Volumina von Rücklaufströmen und über die Nachfragemengen von Sekundärrohstoffen. Anreizsysteme dienen dazu, dass einzelne Akteure dahingehend beeinflusst werden, dass sie ihr Verhalten im Sinne des beeinflussenden Akteurs oder im Sinne des Gesamtsystems verändern.[19] Will ein Hersteller eines Produkts z.B. aufgrund eines ökonomischen Verwertungsinteresses sicherstellen, dass die Produkte am Ende ihrer Nutzungsdauer zurückgegeben werden, so sollte er hierfür Anreize setzen, die aus Sicht des Kunden vorteilhafter als andere Entsorgungsalternativen sind. Ein Beispiel hierfür sind Vergünstigungen beim Neuproduktkauf. Zugleich dürfen die Kosten eines solchen Anreizsystems den Nutzen der Produktrücknahme aber nicht übersteigen. In vielen Fällen ist es sinnvoll, die einzelnen hier genannten Betrachtungsgegenstände miteinander zu kombinieren.
- Unsicherheit: Ein wesentlicher Unterschied zwischen Forward und Reverse Logistics ist darin zu sehen, dass die Rückführungslogistik mit weit höherer Unsicherheit behaftet ist als vorwärts gerichtete Güterströme.[20] Die Unsicherheit beginnt bei den Volumina von Rücklaufströmen, da bei den meisten Produkten kaum vorhersagbar ist, in welchen Mengen ein Produkt bzw. ein Produktbestandteil tatsächlich zurückgegeben wird. Selbst wenn die Rücklaufmengen bekannt wären, sind die Rückgabezeitpunkte in der Regel nicht antizipierbar. Hinzu kommt, dass sich Rückgabemengen und -zeitpunkte im Laufe des Produktlebenszyklus verändern können. Bei vielen Rücklaufströmen ist zudem die Qualität der zurückgegebenen Produkte und Produktbestandteile unsicher. Ein Hersteller kann ein gebrauchtes Bauteil aber nur dann in ein Neuprodukt einsetzen, wenn er sicher sein kann, dass es eine weitere Produktnutzungsdauer durchlaufen wird.
- Methoden: Die meisten Artikel aus dem Bereich Reverse Logistics lassen sich methodisch klar einordnen. Bei qualitativ ausgerichteten Artikeln erfolgt die Diskussion mithilfe von Kausalitätsanalysen.[21] Forschungsergebnisse lassen sich durch klare Begriffsbestimmungen, die deskriptive Herausarbeitung gültiger Mechanismen und durch logische Schlüsse erzielen. Bei der Nutzung von quantitativ-deterministischen Methoden erfolgt im mathematischen Sinne eine formale Abbildung von Sachverhalten. Hierzu zählen beispielsweise Losgrößenmodelle, bei denen die optimale Recyclingmenge bei gegebenem Rücklaufstrom und gegebener Nachfrage bestimmt wird.[22] Alle für das Ent-

scheidungsproblem relevanten Parameter werden als deterministisch vorausgesetzt. Bei quantitativ-stochastischen Modellierungen[23] wird die Unsicherheit einzelner Parameterausprägungen explizit, z.B. durch Verteilungsfunktionen, einbezogen. Bei einer empirischen Vorgehensweise kann zwischen Fallstudien[24] und empirischen Überprüfungen – häufig in Form von Befragungen – unterschieden werden. Ziel empirischer Arbeiten ist es, gängige Vorgehensweisen in der Praxis darzustellen und modelltheoretisch fundierte Hypothesen zu überprüfen.

- Untersuchungsinteresse: Als Untersuchungsinteresse kommen für die wirtschaftswissenschaftliche Forschung ökonomische, rechtliche oder ökologische Aspekte in Frage. Technische Aspekte sind dagegen häufig ausgeklammert, z.B. indem wie bei der Aktivitätsanalyse verschiedene technologische Optionen in Form von Input-/Outputbeziehungen nur mengenmäßig dargestellt werden. Auch eine Kombination verschiedener Aspekte ist möglich und häufig sinnvoll. Ökonomische Aspekte setzen bei gesamt- oder einzelwirtschaftlichen Problemstellungen an, wobei bei letzteren neben dem einzelnen Betrieb auch die Optimierung einer gesamten Reverse Logistics-Kette untersucht werden kann. Rechtliche Aspekte ergeben sich unmittelbar aus den Vorgaben des Umweltrechts, soweit sie die Ausgestaltung von Reverse Logistics betreffen. Dazu zählen insbesondere das bereits angesprochene Kreislaufwirtschafts- und Abfallgesetz sowie die in nationales Recht umgesetzten EU-Richtlinien. Ökologische Aspekte umfassen die Auswirkungen des wirtschaftlichen Handelns einzelner Akteure auf die natürliche Umwelt. So kann analysiert werden, ob eine neue rechtliche Vorgabe ökologisch wirksam ist. Gegenstand von kombinierten Betrachtungen ist beispielsweise, ob der ökonomische Aufwand zur Erzielung einer ökologischen Entlastung gerechtfertigt ist.
- Produktbezug: Grundsätzlich muss Forschung im Bereich Reverse Logistics keinen konkreten Produktbezug aufweisen, sondern kann vielmehr allgemein gehalten sein, um generelle Gesetzmäßigkeiten herauszuarbeiten. Aufgrund der von der Europäischen Union geschaffenen neueren rechtlichen Rahmenbedingungen bei der Rücknahme von Altprodukten erscheint jedoch in vielen Fällen eine Fokussierung auf bestimmte Produktkategorien, wie Altfahrzeuge[25] und Elektrogeräte[26], sinnvoll. Auch der Rückbau von Gebäuden hat aufgrund der damit verbundenen großen Stoffvolumina eine hohe Relevanz und wird daher in der Literatur ausführlich erörtert.[27] Selbstverständlich können auch weitere Produkte betrachtet werden.
- Lebenszyklusphase: Um ein Produkt anbieten zu können, muss ein Unternehmen das Produkt in der Vorleistungsphase zunächst entwickeln und möglichst simultan Prozesse für die Produktherstellung festlegen und vorbereiten. Bereits während der Entwicklungsphase werden für die Reverse Logistics wesentliche Entscheidungen getroffen. Durch die Verwendung recyclebarer Materialien und die Sicherstellung einer guten Demontierbarkeit[28] des Produkts können spätere Rückführungs- und Verwertungskosten erheblich vermindert werden. In der Marktphase spielen die Wahl der Verkaufsverpackung sowie die Kundeninformationen eine wichtige Rolle. Letztere können dazu beitragen, dass die bereits angesprochene Qualitätsunsicherheit sowie die Unsicherheit bezüglich der Rücklaufmengen und Rücklaufzeitpunkte u.U. erheblich verringert werden können. Dies gilt insbesondere, wenn Rücklaufmengen und Rücklaufzeiten durch ein kundenspezifisches Anreizsystem gesteuert werden. In der Nachlaufphase erfolgen die Demontage, die Produkt-, Bauteile- und Materialverwertung sowie gegebenenfalls

die Beseitigung von Rücklaufströmen. Hier finden somit die eigentlichen Reverse Logistics-Aktivitäten statt. Da die vorangegangenen Phasen die Kosten in hohem Maße mit bestimmen, ist in vielen Fällen eine Phasenübergreifende Sichtweise sinnvoll.

- Recyclingstrategie: Recycling spielt bei Reverse Logistics eine entscheidende Rolle. Neben der konkreten Ausgestaltung von Recyclingaktivitäten werden daher auch verschiedene Verwertungsstrategien untersucht. Dabei handelt es sich um produkt-, bauteile- und materialbezogene Strategien. Unter ökologischen Aspekten und im Sinne von ökologischer Wertigkeit sind in vielen Fällen produktbezogene den bauteilebezogenen und diese wiederum den materialbezogenen Strategien vorzuziehen. Wie im Kreislaufwirtschafts- und Abfallgesetz vorgegeben, ist eine Beseitigung nur dann sinnvoll und möglich, wenn eine ökonomisch vertretbare Verwertungsstrategie nicht vorliegt. Auch hier ist eine kombinierte Betrachtung verschiedener Verwertungsstrategien möglich. So werden in Artikeln zur Altautoverwertung sowohl bauteilebezogene und materialbezogene Strategien als auch die Beseitigung der Shredderleichtfraktion als Einzelschritte der Entsorgung analysiert.[29]

Diese Aufstellung zeigt die große Spannbreite der Reverse Logistics, wenngleich die Anzahl der Gliederungskriterien und auch die Anzahl der Kriterienausprägungen sicherlich noch ausgeweitet werden könnten. Dies wird ebenfalls durch den morphologischen Kasten in Abbildung 1 verdeutlicht, bei dem jede Kombination von Kriterienausprägun-

	Ausprägung 1	Ausprägung 2	Ausprägung 3	Ausprägung 4	Ausprägung 5
Fokus	Betrieb	Logistik-dienstleister	Zulieferer	Kunde	Supply Chain
Funktion	Beschaffung	Produktion	Absatz	Entsorgung	Logistik
Rückgabe-grund	Produktions-rückstand	Rückgaberecht	Verpackung	Garantiefall	Ende der Nutzungsdauer
Betrachtungs-richtung	vorwärts	rückwärts	Kombination		
Gegenstand	Stoffflüsse	Informations-flüsse	Anreizsysteme	Kombination	
Unsicherheit	Volumina von Rücklauf-strömen	Rückgabe-zeitpunkte	Qualität von Rücklauf-strömen	Preise von Rücklauf-strömen	technologische Unsicherheit
Methoden	qualitativ	quantitativ-deterministisch	quantitativ-stochastisch	empirisch	
Interesse	ökonomische Aspekte	rechtliche Aspekte	ökologische Aspekte	Kombination	
Produkt-bezug	allgemein	Altfahrzeuge	Elektroschrott	Gebäude	sonstige Altprodukte
Lebens-zyklusphase	Vorleistungs-phase	Marktphase	Recyclingpha-se	Nachleistungs-phase	Phasen übergreifend
Recycling-strategie	produkt-bezogen	bauteilebezo-gen	material-bezogen	Beseitigung	Kombination

Abb. 1: Morphologischer Kasten zur Klassifizierung von möglichen Forschungsfeldern im Bereich Reverse Logistics

gen als ein potenzielles Forschungsfeld im Bereich Reverse Logistics angesehen werden kann. Bildet man alle hypothetisch möglichen Kombinationen, so erhält man insgesamt $5^7 * 4^3 * 3 = 15.000.000$ Forschungsfelder. Selbst wenn nur ein Prozent dieser Forschungsfelder als relevant angesehen würde, so verbleiben immer noch 150.000 Forschungsfelder. Schon durch diese Zahl wird deutlich, dass zahlreiche Gebiete der Reverse Logistics überhaupt noch nicht bzw. nur unzureichend wissenschaftlich betrachtet worden sind.

Selbstverständlich können im Rahmen dieses Artikels nicht alle Forschungsfelder unter kostenrechnerischen Gesichtspunkten betrachtet werden. Die in Abbildung 1 grau hinterlegten Felder kennzeichnen die in diesem Beitrag in den Teilen C. und D. angesprochenen Felder. So ist das im Abschnitt D.III verwendete Beispiel der Kriterienkombination „Betrieb/Beschaffung/Ende der Nutzungsdauer/rückwärts/Informationsflüsse/Preise von Rücklaufströmen/quantitativ-deterministisch/ökonomische Aspekte/Altfahrzeuge/Phasen übergreifend/materialbezogen“ zuzuordnen.

C. Kostenrechnerische Grundprobleme und Lösungsansätze

Die Vielfalt und Verschiedenartigkeit der Forschungsfelder zeigt, dass der Bereich Reverse Logistics nahezu alle betriebswirtschaftlichen Gebiete betrifft. Dadurch ist auch ein erheblicher Einfluss auf betriebliche Entscheidungen gegeben. Die Kostenrechnung stellt Informationen für diese Entscheidungen[30] bereit. Hierfür ist es erforderlich, die kostenrechnerischen Besonderheiten und Implikationen von Reverse Logistics sachgerecht zu erfassen und in den notwendigen Entscheidungsrechnungen zu berücksichtigen. In Abschnitt C.I wird auf die Bewertung von Rücklaufströmen eingegangen, um im Abschnitt C.II systemische Aspekte von Reverse Logistics herauszuarbeiten. Die Abschnitte C.III und C.IV diskutieren den Ansatz von Wagniskosten sowie die richtige Zurechnung der Kosten von Rücklaufströmen.

I. Bewertung von Rücklaufströmen

Bewertungsprobleme bei Rücklaufströmen ergeben sich dadurch, dass von den Unternehmen häufig parallel sowohl recycelte als auch neue Bauteile und Materialien eingesetzt werden. Bei rein pagatorischer Betrachtung ergeben sich für die Rücklaufströme unter Berücksichtigung der Kosten des Recycling Zahlungen in einer anderen Höhe als bei den neu beschafften Gütern. Hingegen sind bei einer rein wertmäßigen Betrachtung recycelte und neu beschaffte Güter in der Regel als gleichwertig anzusehen. Ein unterschiedlicher Wertansatz ist aus kostenrechnerischer Sicht daher kaum zu rechtfertigen.

Eine wesentliche Rolle bei einer sachgerechten Bewertung spielen mengenmäßige Knappheiten, die sowohl bei recycelten als auch bei neu beschafften Gütern auftreten können. In diesem Fall ist der Ansatz von Opportunitätskosten sinnvoll, wobei grundsätzlich die in Abbildung 2 angegebenen Fälle auftreten können.

In den ersten beiden Fällen liegt weder eine rechtliche Verpflichtung zur Verwertung von Rücklaufströmen vor noch sind Knappheiten gegeben. Die recycelten Rücklaufströme

Fall	Pagatorische Kosten	Verwertungs-verpflichtung	Art der Knappheit	Wertmäßige Kosten	Implikation
1	$k_R^P > k_N^P$	nein	keine	$k_R^W = k_R^P$ $k_N^W = k_N^P$	Keine Aufnahme von Rücklaufströmen
2	$k_R^P < k_N^P$	nein	keine	$k_R^W = k_R^P$ $k_N^W = k_N^P$	Ausschließliche Verwendung von Rücklaufströmen
3	$k_R^P < k_N^P$	nein	Rücklauf-strom	$k_R^W = k_N^P$ $k_N^W = k_N^P$	Vollständige Nutzung des Rücklauf-stroms, danach Neubeschaffung
4	$k_R^P > k_N^P$	nein	neu beschafftes Gut	$k_R^W = k_R^P$ $k_N^W = k_R^P$	Vollständige Nutzung der Neubeschaf-fung, danach Zugriff auf Rücklaufstrom
5	$k_R^P > k_N^P$	ja	keine	$k_R^W = k_N^P$ $k_N^W = k_N^P$	Verwertung bis Rücknahmeverpflich-tung erfüllt ist, danach Neubeschaffung
6	$k_R^P < k_N^P$	ja	keine	$k_R^W = k_R^P$ $k_N^W = k_N^P$	Ausschließliche Verwendung von Rücklaufströmen (wie Fall 2)
7	$k_R^P < k_N^P$	ja	Rücklauf-strom	$k_R^W = k_N^P$ $k_N^W = k_N^P$	Vollständige Nutzung des Rücklauf-stroms, danach Neubeschaffung (wie Fall 3)
8	$k_R^P > k_N^P$	ja	neu beschafftes Gut	$k_R^W = k_R^P$ $k_N^W = k_R^P$	Verwertung bis Verwertungsverpflich-tung erfüllt ist, danach Neubeschaffung bis zur Kapazitätsgrenze, danach Ver-wendung von Rücklaufströmen über die Verwertungsverpflichtung hinaus

Abb. 2: Bewertung von Rücklaufströmen unter Berücksichtigung von Opportunitätskosten

mit:
- k_R^P pagatorischer Kostensatz einer Mengeneinheit eines recycelten Materials bzw. Bauteils
- k_N^P pagatorischer Kostensatz einer Mengeneinheit eines neu beschafften Materials bzw. Bauteils
- k_R^W wertmäßiger Kostensatz einer Mengeneinheit eines recycelten Materials bzw. Bauteils
- k_N^W wertmäßiger Kostensatz einer Mengeneinheit eines neu beschafften Materials bzw. Bauteils

bzw. die neu zu beschaffenden Materialien bzw. Vorprodukte können als Substitute angesehen werden, die miteinander konkurrieren. Die wertmäßigen Kostensätze entsprechen daher den je Mengeneinheit anfallenden pagatorischen Kosten.

In den Fällen drei und vier ohne Verwertungsverpflichtung liegt bei dem pagatorisch günstigeren Faktor eine Knappheit vor, die dazu führt, dass erst nach Ausschöpfung der maximal verfügbaren Menge der teurere Faktor zum Einsatz kommt. Die Bewertung orientiert sich hier an Opportunitätskostenüberlegungen. Bei einem knappen Rücklaufstrom (dritter Fall) ist eine Mengeneinheit des Rücklaufstroms mit dem pagatorischen Kostensatz des neu zu beschaffenden Substituts zu bewerten, da jede nicht verwendete Einheit des Rücklaufstroms eine Neubeschaffung auslösen würde. Ein Rücklaufstrom ist immer dann knapp, wenn Altprodukte nicht in der Menge in das Unternehmen zurückfließen, in der sie für die Herstellung neuer Produkte benötigt werden. Liegt die Knappheit bei dem neu zu beschaffenden, aber günstigeren Material bzw. Vorprodukt, erfolgt die Bewertung sowohl des Rücklaufstroms als auch der Neubeschaffung mit den höheren pagatorischen Kosten des Rücklaufstroms.

Im fünften Fall, in welchem der Rücklaufstrom (inklusive Recycling) bei vorliegender Verwertungsverpflichtung teurer ist als die Neubeschaffung, wird solange auf den Rücklaufstrom zurückgegriffen, bis die Verwertungsverpflichtung genau erfüllt ist. Danach wird die günstigere Neubeschaffung genutzt. In diesem Fall entspricht der wertmäßige Kostensatz einer Mengeneinheit des Rücklaufstroms dem pagatorischen Kostensatz der Neubeschaffung. Er liegt somit unter den pagatorischen Kosten des Rücklaufstroms. Die Differenz zwischen den pagatorischen und wertmäßigen Kosten des Rücklaufstroms muss hier der Verwertungsverpflichtung als Fixkosten zugerechnet werden. Die Höhe der Fixkosten ergibt sich in diesem Fall durch die Multiplikation der vorgeschriebenen Verwertungsmenge mit der Differenz des pagatorischen und wertmäßigen Kostensatzes des Rücklaufstroms.

Die Fälle sechs und sieben, bei denen ebenfalls eine Verwertungsverpflichtung vorliegt, entsprechen der Entscheidungssituation in den Fällen zwei und drei, so dass hier keine gesonderte Betrachtung erforderlich ist. Beim achten Fall sind die pagatorischen Kosten des Rücklaufstroms bei vorliegender Verwertungsverpflichtung höher als bei der Neubeschaffung. Die Neubeschaffung unterliegt jedoch einer mengenmäßigen Knappheit, die dazu führt, dass zunächst die vorgegebene Verwertungsmenge erfüllt wird, danach neu beschaffte Materialien bzw. Vorprodukte eingesetzt werden und zum Schluss – nachdem das Kontingent für die Neubeschaffung ausgeschöpft wurde – wieder auf teurere Rückläufströme zurückgegriffen wird. Im Sinne der hier vorgenommenen Grenzkostenbetrachtung müssen dann sowohl der recycelte Rücklaufstrom als auch die neu beschafften Materialien bzw. Vorprodukte mit den höheren pagatorischen Kosten des recycelten Rücklaufstroms bewertet werden.

Die Betrachtung der vorangegangenen Fälle hat gezeigt, dass die Bewertung der Rückläufströme von einer vorliegenden Verwertungsverpflichtung und von vorhandenen Knappheiten abhängt. Dabei kann die Situation eintreten, dass aus kostenrechnerischer Sicht eine Bewertung sowohl unter- als auch oberhalb der pagatorischen Kosten des Rücklaufstroms sinnvoll ist.

II. Systemische Aspekte

Wenn die Handlungen einer System- bzw. Organisationseinheit beabsichtigte oder unbeabsichtigte Konsequenzen für eine andere Systemeinheit haben, so spricht man von systemischen Auswirkungen.[31] Werden diese systemischen Auswirkungen nicht hinreichend berücksichtigt, so besteht die Gefahr, dass Fehlentscheidungen getroffen und überhöhte Kosten verursacht werden. Systemische Auswirkungen sind insbesondere dann problematisch, wenn die zugrunde liegenden Ursache-Wirkungsbeziehungen komplexer Natur und den Entscheidungsträgern nicht bekannt sind. Bezogen auf Reverse Logistics ergibt sich gleich eine ganze Reihe systemischer Aspekte, die in der klassischen Kostenrechnung in der Regel unbeachtet bleiben:

- Kosten des Materialeinsatzes: Bei Beschaffungsentscheidungen werden in der Regel die von der Produktion vorgegebenen technischen Spezifikationen sowie der Anschaffungspreis einer Materialart oder eines Vorprodukts berücksichtigt. Später anfallende Rücknahme- und Aufbereitungskosten werden hingegen nur selten in das Entscheidungskalkül einbezogen. Dies ist insbesondere dann problematisch, wenn große Kostenunterschiede bei der logistischen Handhabung und Verwertung von Rücklaufströmen gegeben sind. Dadurch ändern sich die relativen Vorteilhaftigkeiten der eingesetzten Produktionsfaktoren und Prozesse, die die Rücklaufströme auslösen. Durch die Berücksichtigung der systemischen Kosten lassen sich Fehlentscheidungen vermeiden und Gesamtkosten senken. Auch eine Reduktion der Anzahl der eingesetzten Material- und Bauteilearten kann die spätere Demontage von Produkten und das Recycling von Rücklaufströmen erheblich erleichtern.
- Produktentwicklung und Aufbereitungskosten: In der Produktentwicklungsphase werden nicht nur 70 % der Produktionskosten, sondern auch ein großer Teil der Aufbereitungskosten festgelegt.[32] Es ist daher von allergrößter Bedeutung, dass Recyclinganforderungen, wie die Demontierbarkeit von Altprodukten sowie die Recyclingfähigkeit der eingesetzten Materialien und Bauteile, bereits bei der Produktkonzeption berücksichtigt werden.[33] Dies gilt insbesondere dann, wenn das Unternehmen aufgrund von gesetzlich geregelten Rücknahmeverpflichtungen eine umweltgerechte Verwertung der Altprodukte sicherstellen muss und die Kosten dafür zu tragen hat.
- Anreizkosten: Über die Rücknahmeverpflichtungen hinaus wird ein Unternehmen Altprodukte immer dann zurücknehmen, wenn diese besonders werthaltig sind und eine Verwertung daher aus wirtschaftlichem Interesse erfolgt. In diesem Fall wird das Unternehmen versuchen, den Kunden Anreize für die Produktrückgabe nach Ablauf der Nutzungsdauer zu geben. Dadurch kann auch verhindert werden, dass der Kunde Produkte an vom Hersteller unabhängige Logistikdienstleister bzw. Recyclingunternehmen abgibt. Weitere Anreizkosten können dem Unternehmen entstehen, wenn die Rücklaufströme hinsichtlich ihrer Qualität sowie ihres mengen- und zeitmäßigen Anfalls gezielt gesteuert werden sollen. Die Setzung von Anreizen ist besonders schwierig, weil mit dem Kunden ein unternehmensexterner Faktor und dessen Präferenzen in die Betrachtung einbezogen werden müssen.
- Systemische Kosten innerhalb der Supply Chain fallen immer dann an, wenn das Verhalten eines Supply Chain-Mitglieds Auswirkungen auf die Kosten anderer Supply Chain-Mitglieder hat. Durch sinnvoll abgestimmte Güter- und Informationsflüsse können überhöhte Kosten der gesamten Supply Chain vermieden werden. Dies gilt beispielsweise für die sich aus den Verkaufszahlen eines Produktanbieters ergebenden Erwartungen bezüglich der nach Ende der Nutzungsdauer zu einem Recyclingunternehmen zurückkommenden Altproduktströme. Bei einem entsprechenden Informationsfluss kann das Recyclingunternehmen die vorgehaltenen Kapazitäten und Recyclingprozesse optimal auf den Produktrücklauf abstimmen.

Die hier beschriebenen systemischen Aspekte beeinflussen die Kosten von Materialien, von Vorprodukten, der Altproduktrücknahme und von Recyclingprozessen. Die Berücksichtigung von systemisch-bedingten Kosten kann daher zu einer wesentlichen Verbesserung der Entscheidungsgrundlagen für den Bereich Reverse Logistics führen.

III. Wagniskosten

Bei der Klassifikation der Forschungsfelder wurde auch das Kriterium der Unsicherheit herangezogen, das sich in unsicheren Volumina von Rücklaufströmen, in unsicheren Rückgabezeitpunkten, in Qualitäts- und Preisschwankungen von Rücklaufströmen sowie in technologischer Unsicherheit niederschlagen kann. Derartige Unsicherheiten werden in der Kostenrechnung üblicherweise durch Wagniskosten erfasst.[34] Die Volumina der Rücklaufströme und Rückgabezeitpunkte beeinflussen beispielsweise die Höhe der künftigen Aufbereitungskosten sowie den in ein Unternehmen zurückfließenden Anteil der in den Altprodukten noch vorhandenen Wertschöpfung. Die Qualitätsunsicherheit – bezogen auf den Zustand der Rücklaufströme – determiniert die grundsätzliche Verwertbarkeit von Altprodukten sowie den Umfang und damit die Kosten von Recyclingaktivitäten. Preisunsicherheit ist gegeben, wenn die Anschaffungskosten für Rücklaufströme auf den Märkten erheblich schwanken.[35] Zwischen dem Verkauf und der Rücknahme eines Produkts können – wie beispielsweise bei Personenkraftwagen – mehrere Jahre vergehen. In diesem Zeitraum führt der technische Fortschritt zu einer erheblichen Veränderung von Verwertungstechnologien und damit auch der Aufbereitungskosten. Zugleich ist unsicher, wie die heutigen Neuprodukte hinsichtlich ihrer Recycelbarkeit am Ende ihrer Nutzungsdauer optimiert werden können. Dieses Problem trifft insbesondere bei der verpflichtenden Rücknahme von Altfahrzeugen nach der EU-Richtlinie über Altfahrzeuge zu, da kaum absehbar ist, welche Preise für Bauteile und Sekundärrohstoffe erzielt werden können, wenn ein heute verkaufter PKW beispielsweise im Jahr 2018 zurückgegeben wird. Auch ist bis heute unklar, mit welcher Technologie und zu welchen Kosten die bis dahin gültige Verwertungsquote in Höhe von 95 Prozent erreicht werden kann.[36] So ist z.B. heute technologisch noch nicht endgültig sichergestellt, dass die vorgeschriebene Verwertungsquote von Altfahrzeugen ab dem Jahr 2015 tatsächlich erreicht werden kann.

Alle hier angesprochenen Unsicherheitskategorien führen im Ergebnis dazu, dass die Folgekosten der Produktrücknahme nur schwer abschätzbar sind. Dennoch ist der Ansatz von Wagniskosten gegenüber der Nullschätzung aus kostenrechnerischer Sicht sinnvoll und notwendig, um zumindest aus heutiger Sicht mit realistischen Kostensätzen zu arbeiten.

IV. Kostenzurechnung

Durch eine sachgerechte Kostenverrechnung können für die verschiedenen Auswertungszwecke der Kostenrechnung – z.B. die Kostenträgerkalkulation und die Wirtschaftlichkeitsanalyse – verlässliche Informationen bereitgestellt werden. Wie bereits bei den systemischen Aspekten diskutiert, bringen Rücklaufströme teilweise komplexe Ursache-

Wirkungsmechanismen mit sich, die in der Kostenrechnung in angemessener Weise zu berücksichtigen sind. Wesentliche Gründe für die Verrechnungskomplexität liegen in den zeitlichen Verwerfungen zwischen der Produktkonzeption, der Leistungserstellung und der Produktrücknahme. Je nach Rückgabegrund können sich dabei völlig unterschiedliche Implikationen für die Kostenzurechnung ergeben (vgl. auch die zusammenfassende Darstellung in Abbildung 3):

- Produktionsrückstände: Bei Produktionsrückständen handelt es sich um unerwünschte Kuppelprodukte. Aus Sicht des Unternehmens stellen sie Wertschöpfungsverluste dar, da mit ihnen Materialeinsatz und Entsorgungskosten verbunden sind, die nicht unmittelbar in das Produkt einfließen. Verursacher von Produktionsrückständen können einzelne Produktionsfaktoren, die durchgeführten Produktionsprozesse sowie die Produkte selbst sein. Bei faktorbezogenen Ursachen können die Kosten des Produktionsrückstands einem einzelnen Produktionsfaktor direkt zugerechnet werden. Dies gilt beispielsweise für eine Materialart, bei deren Verarbeitung Abfallmengen in einer bestimmten Höhe anfallen. Bei prozessbezogenen Ursachen kann der Anfall eines Produktionsrückstands direkt einem Prozess, nicht aber einer einzelnen Faktorart zugerechnet werden. Als Beispiel kann ein Produktionsprozess herangezogen werden, bei dem regelmäßig eine bestimmte Ausschussquote bezogen auf die Gesamtproduktionsleistung des Prozesses anfällt. Bei produktbezogenen Ursachen kann ein Produktionsrückstand nur auf ein Produkt als Ganzes, nicht aber auf einen einzelnen Produktionsprozess bzw. einen einzelnen Produktionsfaktor zurückgeführt werden. Bei faktor-, prozess- und produktbezogenen Produktionsrückständen sind die Logistikkosten, die Kosten von Recyclingaktivitäten sowie eventuell anfallende sonstige Kosten den verursachenden Faktoren, Prozessen und Produkten zuzurechnen. Dieses Vorgehen ist insofern kostenrechnerisch bedeutsam, als dass hier unerwünschte Outputs in Form von Kuppelprodukten auf Kostenarten, Kostenstellen bzw. Kostenträger zurückverrechnet werden müssen. In dieser Situation ist somit der klassische Ablauf der Kostenverrechnung von den Kostenarten über die Kostenstellen auf die Kostenträger nicht mehr gegeben. Diese aus der umweltbezogenen Kostenrechnung[37] bekannte Verrechnungsweise führt dazu, dass beispielsweise bei einer faktorbezogenen Kostenverursachung Entsorgungskosten einer Kostenstelle an die betreffende Faktorart und damit von der Kostenstellenrechnung in die Kostenartenrechnung zurückverrechnet werden. Letztlich lässt sich die dahinter stehende kostenrechnerische Problematik auf der Mengenebene mithilfe von Umwelt- bzw. Rücklaufstücklisten[38] sowie auf der Wertebene mit der Bildung von Verrechnungspreisen,[39] die die Folgekosten von Faktoren, Prozessen und Produkten berücksichtigen, lösen.
- Rückgaberecht: Bei der Rückgabe von Produkten, bei denen nach §355 BGB innerhalb der geltenden Widerrufsfrist keine näheren Gründe genannt werden müssen, werden die Rücklaufströme in der Regel wieder als Neuprodukte angeboten. Dennoch ist mit einer solchen Rücknahme eine Reihe an Kosten verbunden, die die Kosten der logistischen Handhabung (z.B. Qualitätsprüfung, Einlagerung und Transport), der Wiederherstellung eines verkaufsfähigen Zustands (gegebenenfalls Reinigung, Austausch der Verpackung) und der Kommunikation mit dem Kunden umfassen. Da die einzelnen Kostenpositionen variieren, sind kalkulatorisch die langfristig anzusetzenden Durchschnittskosten je

Rücknahme eines bestimmten Produkts zu erfassen. Ein weiterer wichtiger Parameter ist die statistische Ermittlung der Rückgabehäufigkeit, um so die Rückgabewahrscheinlichkeit je verkaufter Produkteinheit zu erhalten. Durch die Multiplikation der Rückgabewahrscheinlichkeit mit den durchschnittlichen Rückgabekosten ergeben sich die durchschnittlichen Rücknahmekosten je Mengeneinheit einer Produktart. Eine weitere Differenzierung nach Verkaufskanal und Kundengruppe kann durchaus sinnvoll sein.

- Verkaufsverpackung: Bei zurückgegebenen Mehrwegverpackungen müssen die Kosten der logistischen Handhabung in Betracht gezogen werden. Hierbei handelt es sich um den Transport, die Lagerung sowie die Reparatur und Reinigung der Verpackungen. Darüber hinaus können auch Pfandregelungen sowie Wertverluste bei Mehrwegverpackungen eine Rolle spielen.[40] Bei Einwegverpackungen sind neben den logistischen Kosten die Kosten von Recyclingaktivitäten bzw. der Abfallbeseitigung relevant.
- Garantiefall: Bei einer Rückgabe aufgrund eines Garantiefalls ist neben der Kostenerfassung auch die Ursachenermittlung für den Garantiefall von Bedeutung.[41] Dies setzt zunächst voraus, dass das zurückgegebene Produkt bezogen auf den reklamierten Fehler geprüft wird, um anschließend zu entscheiden, ob die Produktrückgabe durch den Kunden durch die Garantiebedingungen abgedeckt ist. Falls dies der Fall ist, muss festgelegt werden, ob eine Reparatur des zurückgegebenen Produkts oder der Austausch gegen ein Neuprodukt kostengünstiger ist. Bei einem Garantiefall fallen grundsätzlich die Prüfkosten für das zurückgegebene Produkt an. Selbst bei negativem Prüfergebnis können die Prüfkosten im Normalfall nicht an den Kunden weitergegeben werden. Zusätzlich zu den Prüfkosten sind die Kosten der logistischen Handhabung sowie Kosten der Reparatur bzw. des Produktaustausches hinzuzurechnen. Mithilfe statistischer Auswertungen erhält man sowohl Aussagen über die Rückgabehäufigkeit aufgrund von Garantiefällen bei einzelnen Produkten sowie die durchschnittlichen Kosten je Garantiefall. Da das Eintreten eines Garantiefalls einen Produktfehler und damit aus Sicht des Unternehmens einen Wertschöpfungsverlust darstellt, ist hier – ähnlich wie bei den Produktionsrückständen – eine ursachengerechte Kostenzurechnung erforderlich. Grundsätzlich kann ein Garantiefall auf einen Materialfehler, auf ein Bauteil oder auf das Gesamtprodukt zurückzuführen sein. Es können also material-, bauteil- sowie produktbezogene Ursachen vorliegen. In einer Ursachenanalyse sollte dann wie bei den Produktionsrückständen ermittelt werden, ob der Fehler faktor-, prozess- oder produktbezogener Art ist. Eine material- und faktorbezogene Ursache liegt beispielsweise vor, wenn ein eingesetztes fremdbezogenes Material nicht die vom Lieferanten geforderten Produkteigenschaften aufweist. Ein material- und prozessbezogener Fehler ist gegeben, wenn die fremdbezogenen Eingangsmaterialien zwar den technischen Spezifikationen genügen, aber im Rahmen der Produktionsprozesse zur Herstellung des Produkts eine falsche Materialmischung oder eine Veränderung der Materialeigenschaften (z.B. durch Überhitzung) herbeigeführt wird. Bei einem material- und produktbezogenen Fehler liegt eine Fehlkonzeption des angebotenen Produkts vor. In diesem Fall ist der Fehler somit auf das Produktdesign, nicht aber auf faktor- oder prozessbezogene Ursachen zurückzuführen. Diese Aufzählung ließe sich auch für Bauteile und produktbezogene Fehlerursachen fortsetzen. Eine systematische Ursachenanalyse kann dazu beitragen, dass Fehlerursachen beseitigt und damit künftige Garantiekosten vermindert werden.

Rück-gabe-grund	Produk-tions-rückstand	Rückgaberecht	Verkaufs-verpackung	Garantiefall	Ende der Nutzungsdauer
Kosten-zurech-nung	Verwer-tungs- bzw. Be-seitigungs-kosten	Statistische Auswertung und Ermittlung der Folgekosten von Rückgaben (logistische Kosten, Wie-derherstellung des Neuzu-stands)	Logistische Kosten für Transport, Lagerung, Reparatur, Reinigung etc. Pfandkosten Kosten des Wertverlusts	Kosten der Garantiefall-prüfung Kosten der logistischen Handhabung Kosten der Reparatur bzw. des Produktaus-tauschs	Logistische Kosten Kosten des Recycling bzw. der Beseitigung
Kosten-ursachen und -zu-rechnung	• Faktor-bezogen • Prozess-bezogen • Produkt-bezogen	Produkt	Verpackung	• Materialbezogen • Bauteilebezogen • Produktbezogen • Faktorbezogen • Prozessbezogen	• Material-bezogen • Bauteile-bezogen • Produkt-bezogen

Abb. 3: Differenzierte Kostenzurechnung nach Rückgabegrund

- Ende der Nutzungsdauer: Bei freiwilliger oder rechtlich geregelter Produktrücknahme sind neben den Kosten der logistischen Handhabung auch die Kosten des Recycling bzw. der Beseitigung der Altprodukte zu ermitteln. Auch hier ist eine ursachengerechte Weiterverrechnung der Kosten auf die niedrigstmögliche Ebene sinnvoll. Hierbei kann es sich wie beim Garantiefall um Kosten handeln, die einem Material des Produkts, einem Bauteil oder dem Produkt insgesamt zugerechnet werden. Faktor- und prozessbezogene Ursachen brauchen hingegen nicht betrachtet zu werden, da das Produkt das Ende seiner Nutzungsdauer erreicht hat und im Gegensatz zu den Produktionsrückständen und dem Garantiefall kein herstellungsbedingter Wertschöpfungsverlust vorliegt.

Die Ausführungen zur differenzierten Kostenzurechnung nach den verschiedenen Rücknahmegründen zeigen, dass eine einheitliche Vorgehensweise kaum sinnvoll ist. Vielmehr stellt jeder Rücknahmegrund aus kostenrechnerischer Perspektive eine völlig andersartige Problematik dar.

D. Ausgewählte kostenrechnerische Entscheidungsprobleme

Die kostenrechnerische Erfassung und Bewertung von Rücklaufströmen ist eng mit dem jeweiligen Auswertungszweck verbunden. Im Riebelschen Sinne[42] sind die von jeder Entscheidung betroffenen wirtschaftlichen Konsequenzen in Form von relativen Einzelkosten möglichst genau zu berücksichtigen. Dabei handelt es sich keineswegs um ein triviales

Vorgehen, da die im vorangegangenen Abschnitt beschriebenen kostenrechnerischen Grundprobleme und Lösungsansätze in adäquater Weise Eingang finden müssen.

I. Interne Verrechnungspreise von Rücklaufströmen

Die im Rahmen von Reverse Logistics in die Unternehmen eingehenden Rücklaufströme führen einerseits zu zusätzlichen Kosten und können andererseits auch Erlöswirkungen haben. Um diese Kosten und Erlöse korrekt den Verursachern (Produktionsfaktoren, Prozesse, Produkte) zurechnen zu können, sind diese Wirkungen in den Verrechnungspreisen der Rücklaufströme möglichst umfassend zu berücksichtigen:

- Rücknahmekosten ergeben sich durch das Entgelt, das ein Hersteller an den Kunden oder einen Logistikdienstleister für ein zurückgegebenes Gut bezahlt. Falls das Gut keinen Marktwert hat, ist auch ein negativer Rücknahmekostensatz denkbar.
- Prüfkosten fallen an, um die Qualität des Rücklaufstroms zu überprüfen. Hierdurch kann zum einen – z.B. bei einem Garantiefall – getestet werden, ob die Produktrückgabe berechtigt ist, und zum anderen, wie die Recyclingaktivität für das Gut zu gestalten ist.
- Demontagekosten spiegeln die Kosten der Produktzerlegung wider und dienen der Vorbereitung des produkt-, bauteile- und materialbezogenen Recycling.
- Sortierkosten sind auf die Trennung von verschiedenen Stofffraktionen zurückzuführen.
- Transportkosten werden durch die Transportvorgänge verursacht, die im Rahmen der Produktrücknahme, der Demontage und Sortierung, des Recycling, von Lagerprozessen sowie der Distribution bzw. der Beseitigung von Reststoffen anfallen.
- Aufbereitungskosten fallen an, um den Rücklaufstrom wieder in einen verwendungsfähigen Zustand zu transformieren. Bei den dabei durchzuführenden Prozessen kann es sich um einfache Reinigungsprozesse, aber auch um aufwändige chemische, biologische und mechanische Aufbereitungsprozesse handeln. Bei Garantierückläufen können auch die Reparaturkosten unter die Aufbereitungskosten fallen.
- Wagniskosten setzen sich aus den in Abschnitt C.III bereits angesprochenen, mit der Produktrücknahme einhergehenden Unsicherheiten zusammen.
- Beseitigungskosten müssen für diejenigen Fraktionen der Rücklaufströme aufgewendet werden, bei denen eine Verwertung aufgrund von technischen oder wirtschaftlichen Erwägungen nicht möglich oder sinnvoll ist. Auch die bereits in Kraft getretenen Rücknahmeverpflichtungen sehen die Möglichkeit der Beseitigung ausdrücklich vor.[43]
- Nach der erfolgten Aufbereitung können für die recycelten Materialien, Bauteile oder Produkte häufig Verwertungserlöse erzielt werden.

Die hier beschriebenen Kostenpositionen verhalten sich additiv zueinander, wobei auch hier systemische Beziehungen gegeben sind. So können Verwertungserlöse z.B. gesteigert werden, wenn bei höheren Aufbereitungskosten ein besseres Verwertungsergebnis erzielt wird. Nicht alle Kostenpositionen sind für alle Rücklaufströme in gleichem Maße relevant. Abbildung 4 gibt einen Überblick, welche Kosten für welchen Rückgabegrund tendenziell hoch, mittel oder weniger relevant sind. Aus der Tabelle wird deutlich, dass die Lagerhaltungskosten und die Rücknahmekosten im Vergleich zu anderen Kostenpositionen häufig nur eine untergeordnete Rolle spielen. Von häufig hoher bzw. mittlerer Re-

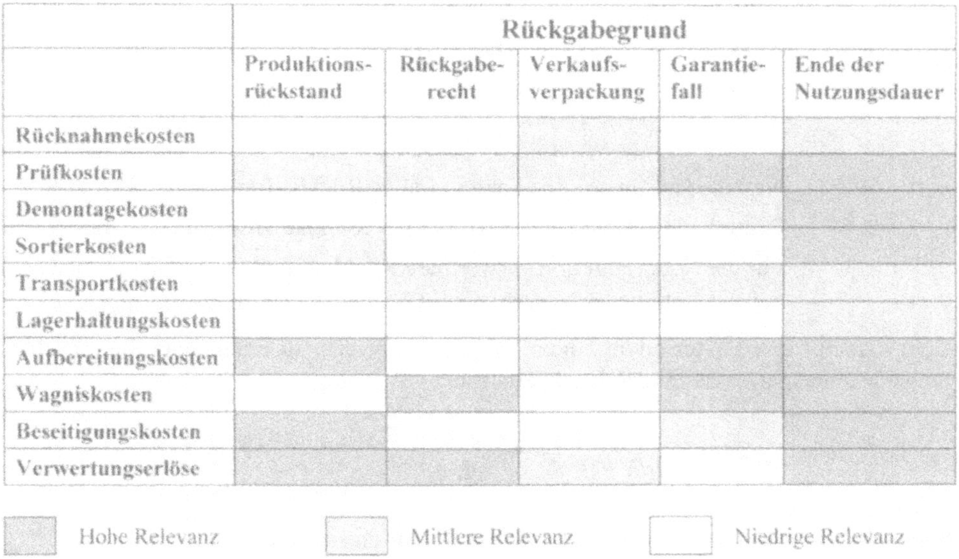

Abb. 4: Relevanz unterschiedlicher Kostenpositionen für die Verrechnungspreise von Rücklaufströmen

levanz sind hingegen die Prüfkosten, die Wagniskosten sowie die Verwertungserlöse. Die Aufbereitungskosten bilden bei den Produktionsrückständen und den zurückgenommenen Altprodukten die wichtigste Kostenposition. Selbstverständlich handelt es sich hier nur um pauschale Einschätzungen, die bezogen auf den Einzelfall jeweils zu überprüfen sind.

II. Lebenszykluskosten von Faktoren

Die Kosten der Rücklaufströme lassen sich mit dem obigen Kalkulationsschema additiv ermitteln. Um diese Kosten langfristig richtig steuern zu können, ist eine sachgerechte Zurechnung zu verursachenden Faktoren, Prozessen und Produkten erforderlich. Bei dieser Zurechnung sind häufig mehrere Lebenszyklusphasen, die zwischen der Kostenverursachung und den damit verbundenen Zahlungswirkungen liegen, zu beachten. Daher sind Lebenszyklus übergreifende Entscheidungsrechnungen notwendig, die auch die in Abschnitt C. beschriebenen systemischen Aspekte einbeziehen. In diesem Abschnitt beschränken sich die Ausführungen auf die Zurechnung von Kosten auf Produktionsfaktoren. Die hier angestellten Überlegungen lassen sich unmittelbar aber auch auf Prozesse und Produkte übertragen.

Der Rücklauf von Altprodukten, die für die Neuproduktion verwendet werden, impliziert zunächst eine Veränderung des Bruttobedarfs. Dieser Effekt ist dadurch gegeben, dass durch den Einsatz der Rücklaufmengen die Neubeschaffungsmengen zurückgehen. Die niedrigeren Bruttobedarfsmengen ergeben sich als Ergebnis einer geometrischen Reihe durch:

$$r_i^{Brutto} = \frac{1}{\sum_{t=0}^{\infty} \alpha_{1i}{}^t} \cdot r_i^{Netto} = (1-\alpha_{1i}) \cdot r_i^{Netto} \qquad \text{mit } 0 \le \alpha_{1i} < 1 \tag{1}$$

mit: r_i^{Netto} Nettobedarfsmenge des Faktors i ohne Rücklaufströme

r_i^{Brutto} Bruttobedarfsmenge des Faktors i mit Rücklaufströmen

α_{1i} Für die Neuproduktion verwertbare Rücklaufquote des Faktors i bezogen auf die Nettobedarfsmenge r_i^{Netto} (Wiedereinsatzquote)

Geht man für den Faktor i von einem Faktorpreis qi aus, so erhält man die Anschaffungskostenersparnis durch den Rücklaufstrom:

$$\left(r_i^{Netto} - r_i^{Brutto}\right) \cdot q_i = \alpha_{1i} \cdot r_i^{Netto} \cdot q_i$$

Bezogen auf eine Mengeneinheit des Faktors i belaufen sich die Kosten auf:

(2) $(1 - \alpha_{1i}) \cdot q_i$.

Weitere Kosten ergeben sich durch Produktionsrückstände, wobei hier zwischen Ausschuss und Verschnitt zu unterscheiden ist. Beim Ausschuss genügen die gefertigten Teile oder Produkte nicht den Qualitätsvorgaben. In diesem Fall liegt somit neben materialbezogenen Verlusten auch eine Verschwendung der für die Herstellung des Ausschusses aufgewendeten Maschinenzeit vor. Beim Verschnitt fallen hingegen ausschließlich materialbezogene Verluste an. Die Kosten der durch Ausschuss verschwendeten Maschinenzeit lassen sich ermitteln, indem man die verloren gegangene Zeit ermittelt und diese mit dem Maschinenstundensatz multipliziert. Auch hier erhält man aufgrund der zugrunde liegenden zyklischen Beziehungen wieder eine geometrische Reihe:

(3)

$$\left(\sum_{t=0}^{\infty} \alpha_{2i}{}^t - 1\right) \cdot \frac{1}{a_{ij}} \cdot a_{ijM} \cdot q_M = \left(\frac{1}{1-\alpha_{2i}} - 1\right) \cdot \frac{1}{a_{ij}} \cdot a_{ijM} \cdot q_M \qquad \text{mit } 0 \le \alpha_{2i} < 1$$

mit α_{2i} Ausschussrate bei Einsatz des Faktors i

α_{ij} Eingesetzte Menge des Faktors i zur Herstellung einer Mengeneinheit des Produkts j

α_{ijM} Benötigte Maschinenzeit zur Bearbeitung des Faktors i zur Herstellung einer Mengeneinheit des Produkts j

q_M Maschinenstundensatz der betrachteten Maschine

Wenn man die Nachbearbeitung der Ausschussteile ausschließt, so ist sowohl die Ausschussmenge als auch die Verschnittmenge nach Möglichkeit zu recyceln, um sie anschließend wieder in der Produktion einsetzen zu können.[44] Die Aufbereitungskosten für das Recycling ergeben sich wiederum durch eine geometrische Reihe, da das recycelte Material zwar wieder in der Fertigung verwendet werden kann, aber wiederum mit den entsprechenden Anteilen zu Ausschuss oder Verschnitt verarbeitet wird:

$$(4)\qquad \left(\sum_{t=0}^{\infty}\alpha_{2i}{}^{t}\cdot\sum_{t=0}^{\infty}\alpha_{3i}{}^{t}-1\right)\cdot q_{iR}=\left(\frac{1}{(1-\alpha_{2i})\cdot(1-\alpha_{3i})}-1\right)\cdot q_{iR}$$

$$\text{mit } 0\leq\alpha_{2i}<1 \text{ und } 0\leq\alpha_{3i}<1$$

mit: α_{3i} Verschnittrate bei Einsatz des Faktors i
q_{iR} Kostensatz für das Recycling einer Mengeneinheit des Faktors i

Wenn eine Rücknahmeverpflichtung besteht, fallen Kosten für den Transport und die Demontage der Altprodukte selbst dann an, wenn das demontierte Bauteil oder Material nicht für denselben Verwendungszweck eingesetzt wird. Die Höhe der Transport- und Demontagekosten einer Mengeneinheit Nettobedarf hängt dabei wesentlich von der Rücklaufquote α_{4i} des betrachteten Faktors i ab:

$$(5)\qquad \alpha_{4i}\cdot(q_{iD}+q_{iT}) \qquad\qquad \text{mit } 0\leq\alpha_{4i}<1$$

q_{iD} und q_{iT} stehen für die Demontage- und Transportkosten je Mengeneinheit der zurück gelaufenen Faktorart i.[45]

Wenn das demontierte Bauteil oder Material wieder für den gleichen Verwendungszweck eingesetzt werden soll, so sind in der Regel weitere Prüf- und Recyclingvorgänge notwendig, die mit entsprechenden Prüfkosten q_{iP} und den Aufbereitungskosten q_{iR}[46] verbunden sind. Selbstverständlich muss nicht die gesamte Rücklaufmenge für den gleichen Verwendungszweck eingesetzt werden. Vielmehr ist auch denkbar, dass ein geringerer Anteil α_{1i} als die Rücklaufquote α_{4i} eingesetzt wird. Die auf α_{1i} bezogenen Prüf- und Aufbereitungskosten je Mengeneinheit Nettobedarf belaufen sich somit auf:

$$(6)\qquad \alpha_{1i}\cdot(q_{iP}+q_{iR}) \qquad\qquad \text{mit } 0\leq\alpha_{1i}\leq\alpha_{4i}<1$$

Zum Abschluss ist noch zu berücksichtigen, dass die nicht wieder eingesetzte Rücklaufmenge entweder kostenpflichtig beseitigt werden muss bzw. Entsorgungserlöse erzielt werden können. Je Mengeneinheit Nettobedarf des Faktors i ergibt sich die Menge, die mit einem entsprechenden Entsorgungskostensatz bzw. Entsorgungspreis q_{iE} zu belegen ist, durch:

$$(7)\qquad (\alpha_{4i}-\alpha_{1i})\cdot q_{iE}$$

Fasst man die in den Formeln (2) bis (7) spezifizierten Kostenkomponenten zu einem internen Verrechnungspreis für die betrachtete Faktorart i zusammen, so erhält man als zu verrechnende Kosten q_i^{Verr} für eine Tonne Nettobedarf:

(8)

$$q_i^{Verr} = (1-\alpha_{1i}) \cdot q_i + \left(\frac{1}{1-\alpha_{2i}} - 1 \right) \cdot \frac{1}{a_{ij}} \cdot a_{ijM} \cdot q_M + \left(\frac{1}{(1-\alpha_{2i}) \cdot (1-\alpha_{3i})} - 1 \right) \cdot q_{iR}$$
$$+ \alpha_{4i} \cdot (q_{iD} + q_{iT}) + \alpha_{1i} \cdot (q_{iP} + q_{iR}) + (\alpha_{4i} - \alpha_{1i}) \cdot q_{iE}$$

Die Ermittlung des Verrechnungspreises zeigt, dass die richtige Bewertung des Faktoreinsatzes bei Reverse Logistics von weit höherer Komplexität ist als bei einer klassischen Sicht ohne Rücklauf von Altprodukten. Die Komplexität ergibt sich insbesondere durch die veränderte Kalkulation der Bruttobedarfsmengen in (1), durch die zu berücksichtigenden zyklischen Beziehungen in (2) bis (4) sowie durch die zusätzlich zu berücksichtigenden Kosten in (5) bis (7). Bei Vernachlässigung dieser Faktoren ist die Gefahr von Fehlentscheidungen außerordentlich groß. Insgesamt erfordert die sachgerechte Bewertung und Kostenzurechnung von Stoffkreisläufen unter Berücksichtigung der damit verbundenen Stoffstromzyklen eine systemische Sichtweise, die – wie hier gezeigt – Lebenszyklus übergreifend ausgestaltet sein muss.

III. Beispiel

Die hier angeführten Überlegungen lassen sich an einem einfachen Beispiel erläutern. Grundlage des Beispiels ist die Produktion von Türverkleidungen für PKWs.[47] Grundsätzlich werden Türverkleidungen, bei denen neben optischen Eigenschaften und der Haltbarkeit auch Sicherheitsmerkmale sowie die akustische Wirksamkeit relevant sind, aus Faserverbundwerkstoffen hergestellt. Die Faserverbundwerkstoffe, bei denen Glas- oder Naturfasern in eine Kunststoffmatrix eingebettet werden, lassen sich nicht wirtschaftlich trennen, so dass ein Wiedereinsatz der verwendeten Materialien nicht möglich ist. Als stoffliche Alternative steht PET, dessen Fasern zu Vlies verwebt werden können, zur Verfügung. PET lässt sich zwar vollständig recyceln, ist jedoch in der Anschaffung wesentlich teurer als Faserverbundwerkstoffe. Entscheidend für den wirtschaftlichen Einsatz von PET ist daher eine möglichst automatisierte Stofferkennung und Stoffprüfung bei einer hohen Rücklaufquote. Die Prüfung umfasst auch die Ermittlung der Länge der Molekülketten, die sich im Zeitablauf verkürzen. Durch die Bestimmung der Materialqualitäten kann jederzeit eine PET-Mischung erstellt werden, die den Anforderungen an Neuprodukte vollständig entspricht. In dem folgenden Beispiel werden die Kosten je Tonne Nettobedarf von PET und Faserverbundwerkstoffen miteinander verglichen.[48] Abbildung 5 enthält die für die weiteren Berechnungen erforderlichen Ausgangsdaten.

Setzt man die Werte des Beispiels in die in Abschnitt D.II dargestellte Verrechnungspreisformel ein, so erhält man die in Abbildung 6 angegebenen Kosten. Es zeigt sich, dass der Einsatz von PET bei Reverse Logistics günstiger ist. Dabei ist interessant, dass sich die Kosten durch Reverse Logistics sogar so weit verringern, dass die Anschaffungskosten für PET unter den Einkaufspreis je Tonne der Faserverbundstoffe fallen.

Im Ergebnis zeigt sich, dass es durch Reverse Logistics zu erheblichen Kostenverschiebungen kommen kann. Während die Kosten der Faserverbundstoffe im Beispiel je Tonne Nettobedarf erheblich ansteigen, kommt es aufgrund der Wiederverwendung von

	PET	Herkömmliche Materialien
Anschaffungskosten je Tonne (q_i)	1200 €	800 €
Qualitätsausschussrate (α_{2i})	5 %	6 %
Verschnittanteil (α_{3i})	5 %	5 %
Kostensatz je Maschinenstunde (q_M)	200 €	200 €
Maschinenzeit je Stück (a_{ijM})	72 Sekunden	72 Sekunden
Gewicht je Stück (a_{ij})	1000 g	1000 g
Demontage- und Transportkosten je Tonne ($q_{iD} + q_{iT}$)	100 €	100 €
Prüf- und Sortierkosten (q_{iP})	250 €	nicht relevant
Aufbereitungskostensatz (q_{iR})	100 €	nicht relevant
Rücklaufquote (α_{4i})	60 %	60 %
Wiedereinsatzquote (α_{1i})	60 %	0 %
Entsorgungskosten je Tonne (q_{iE})	nicht relevant	50 €

Abb. 5: Ausgangsdaten für den Einsatz von PET und Faserverbundstoffen als Alternativen für die Fertigung von Türverkleidungen

	PET	Herkömmliche Materialien
Bruttobedarf je Tonne Nettobedarf	0,4 t	1,0 t
Anschaffungskosten je Tonne Nettobedarf	480,00 €	800,00 €
Kosten für verschwendete Maschinenzeit	210,52 €	255,32 €
Interne Aufbereitungskosten	10,80 €	11,98 €
Demontage und Transportkosten je Tonne Nettobedarf	60,00 €	60,00 €
Prüf- und Sortierkosten je Tonne Nettobedarf	150,00 €	0,00 €
Verwertungskosten je Tonne Nettobedarf	60,00 €	0,00 €
Entsorgungskosten	0,00 €	30,00 €
Gesamtkosten je Tonne Nettobedarf (q_i^{Verr})	**971,32 €**	**1.157,30 €**

Abb. 6: Kalkulation der Gesamtkosten je Tonne Nettobedarf

PET zu einer erheblichen Kostenreduktion. Die verschiedenen Kostenkonstellationen sind in der Abbildung 7 zusammengestellt. Ohne Rücknahme sind die Faserverbundstoffe deutlich günstiger. Erst durch die Rücknahme ist eine Entscheidung für PET sinnvoll. Die Orientierung an klassischen Methoden der Materialbeschaffung würde also in diesem Beispiel zu einer klaren Fehlentscheidung mit erheblichen Kostennachteilen führen.

	PET	Herkömmliche Materialien
Reine Einkaufskosten je Tonne	1200 €	800 €
Ohne Rücknahme (reine Produktionskosten)	1.421,32 €	1.067,30 €
Mit Rücknahme bei Gesamtkostenbetrachtung	971,32 €	1.157,30 €

Abb. 7: Kosten je Tonne PET und Faserverbundstoff mit und ohne Rücknahme

Die Ergebnisse der Beispielrechnung indizieren sogar, dass der Einsatz von PET auch ohne Rücknahmeverpflichtung sinnvoll sein könnte, indem das Rücknahmesystem freiwillig vom betrachteten Unternehmen initiiert würde. Dass es dazu bisher noch nicht gekommen ist, kann auf mehrere Gründe zurückgeführt werden:

- Die Technologie, mit der die Prüfkosten erheblich vermindert werden können, befindet sich noch im Entwicklungsstadium. [49]
- Da bisher noch keine Infrastruktur für die Rücknahme von Altfahrzeugen durch die Hersteller besteht, sind die Transportkosten sowie weitere Kosten höher anzusetzen als im Beispiel.
- Im Beispiel wird mit 60 Prozent eine recht hohe Rücklauf- und Wiedereinsatzquote vorausgesetzt. Rücklaufquoten in dieser Höhe lassen sich aber nur bei einer gesetzlich geregelten Rücknahmeregelung erreichen. Ein einzelner Hersteller oder gar Zulieferer würde Rücklaufquoten in dieser Höhe ohne die entsprechenden Rahmenbedingungen nicht erzielen können.

Letztlich hängt die Wirtschaftlichkeit des PET-Einsatzes somit von den Kosten der Materialprüfung und der zu erwartenden Rücklaufquote ab. Mithilfe der oben entwickelten Verrechnungspreisformel lassen sich sowohl für die Rücklaufquote als auch für die Prüfkosten kritische Schwellenwerte ermitteln. Bei den angenommenen Prüfkosten in Höhe von 250 € wird beispielsweise mindestens eine Rücklaufquote von 39,3 Prozent benötigt, damit sich das Recycling lohnt. Je höher die Prüfkosten sind, desto höher muss auch die Rücklaufquote sein. So wird bei Prüfkosten in Höhe von 796 € eine Rücklaufquote von 100 Prozent benötigt. Selbst bei wegfallenden Prüfkosten ist immer noch eine Rücklaufquote von mindestens 30,8 Prozent erforderlich, damit sich der Einsatz und das Recycling von PET lohnen. Bei der hier betrachteten Rücklaufquote von 60 Prozent dürfen die Prüfkosten 559,95 € nicht übersteigen. Die Kurve in Abbildung 8 enthält alle Kombinationen an Rücklaufquoten sowie Prüfkosten, bei denen der Entscheider indifferent bezüglich des Einsatzes von PET bzw. der Faserverbundstoffe ist. In dem Bereich unterhalb der Indifferenzkurve ist der Einsatz von PET und oberhalb der Indifferenzkurve ist die Verwendung von Faserverbundstoffen vorzuziehen.

Das hier betrachtete Beispiel zeigt, dass Rücknahmeverpflichtungen in spezifischen Situationen für Hersteller selbst dann sinnvoll sein können, wenn sie eine freiwillige Produktrücknahme aufgrund von Kostenüberlegungen ablehnen. Dieser Zusammenhang ist darauf zurückzuführen, dass die Rücknahmepflicht zu einer Erhöhung der zu erwartenden Rücklaufquote führt und damit die Wirtschaftlichkeit von Recyclingprozessen erhöht.

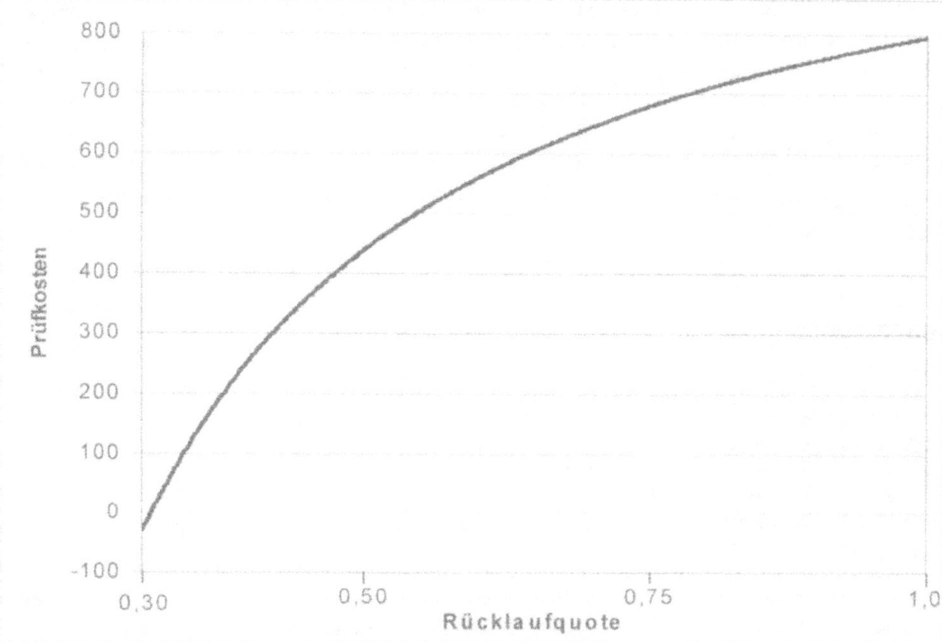

Abb. 8: Ermittlung der kritischen Prüfkosten und Rücklaufquoten

Dadurch steigt – wie in diesem Beispiel – die Wahrscheinlichkeit, dass höherwertige Materialien eingesetzt werden, da zumindest ein Teil des Materialwerts wieder in das Unternehmen zurückfließt. Zugleich kann es sinnvoll sein, dass der Staat die Rücknahmeverpflichtung wie bei der Altfahrzeugverordnung[50] um eine Rückgabepflicht des Letztbesitzers ergänzt, da dadurch eine weitere Steigerung der Rücklaufquote möglich ist.

E. Schlussbemerkungen

Das Gebiet „Reverse Logistics" bringt komplexe kostenrechnerische Aspekte mit sich, deren Vernachlässigung zu Fehlentscheidungen führen kann. Treiber der Komplexität sind insbesondere die zyklischen Beziehungen, die sich durch die in vielen Fällen sowohl ökonomisch als auch ökologisch sinnvolle Kreislaufführung von Materialien, Bauteilen und Produkten ergeben. Neben der Komplexität ist auch die sachgerechte Kostenzurechnung unter Berücksichtigung von Unsicherheit von ausschlaggebender Bedeutung, um fundierte Entscheidungen treffen zu können. Dies ist bezogen auf Rücklaufströme auch deshalb schwierig, weil die in zahlreichen ERP-Systemen implementierten Kostenrechnungsfunktionalitäten nicht darauf ausgerichtet sind, in das Unternehmen zurücklaufende (unerwünschte) Outputs den verursachenden Faktoren, Prozessen und Produkten zuzurechnen. Letztlich muss hierfür der klassische Ablauf der Kostenverrechnung von den Kostenarten über die Kostenstellen auf die Kostenträger verändert werden. Ein weiterer Gesichtspunkt stellt schließlich die Betrachtung von Lebenszykluskosten der Produkte dar. Im Sinne einer Gesamtkostenoptimierung sind neben der Markt- auch die Vorleistungs- und die Nachleistungsphase zu berücksichtigen. Dies bedingt, dass die mit Reverse Logistics einhergehenden Nutzen und Kosten schon in der Produktentwicklungsphase antizipiert werden müssen. Bezogen auf die Weiterentwicklung entsprechend ausgerichteter Zielkostenrechnungen besteht hier noch erheblicher Forschungsbedarf. Dasselbe gilt für zahlreiche weitere kostenrechnerische Betrachtungen zu den skizzierten Forschungsfeldern von Reverse Logistics.

Anmerkungen

1 Vgl. die EU-Richtlinie über Altfahrzeuge (RL 2000/53/EG) sowie die EU-Richtlinie über Elektro- und Elektronik-Altgeräte (RL 2002/96/EG).
2 Vgl. Steven (1995), S. 689f.
3 Vgl. § 4 Kreislaufwirtschafts- und Abfallgesetz.
4 Vgl. Fleischmann (2001), S. 6.
5 Vgl. z.B. Fleischmann (2001), S. 24ff.
6 Vgl. hierzu die Übersichtsartikel von Fleischmann et al. (1997), Moyer/Gupta (1997), Bras/McIntosh (1999), Fleischmann (2001), S. 24ff., sowie de Brito/Dekker/Flapper (2004), S. 243ff.
7 Als weiteres Indiz für den hohen Stellenwert kann die erstmalige Einrichtung eines eigenen Tracks „Reverse Logistics" im Rahmen der Jahrestagung der Gesellschaft für Operations Research (GOR) 2004 in Tilburg angesehen werden.
8 Ein Überblick über die Arbeiten dieser Gruppe findet sich unter www.fbk.eur.nl/OZ/REVLOG.
9 Vgl. Teunter/van der Laan/Inderfurth (2000), S. 409ff., Raman/Kim (2002), Teunter/van der Laan (2002), S. 67ff., van der Laan (2003), S. 317ff., sowie Bayindir/Erkip/Güllü (2003), S. 597ff.
10 Vgl. hierzu den Überblicksartikel von Letmathe/Wagner (2002).
11 An dieser Stelle erübrigt sich die Nennung einzelner Quellen, da die Mehrzahl der Veröffentlichungen verschiedene Entscheidungsprobleme aus dem Bereich Reverse Logistics behandelt.
12 Vgl. Krumwiede/Sheu (2002), S. 325ff.
13 Vgl. hierzu den gesamten von Dyckhoff/Lackes/Reese (2004) herausgegebenen Sammelband zum Thema „Supply Chain Management und Reverse Logistics" sowie die dort angegebenen Quellen. Darüber hinaus sind insbesondere die Beiträge von Debo/Savaskan/van Wassenhove (2004), Souren (2002) und Guide/van Wassenhove (2002) von großer Bedeutung. Bei Fleischmann et al. (2002), S. 156ff., liegt der Schwerpunkt bei der Standortplanung des logistischen Systems.
14 Vgl. z.B. Richter/Gobsch (2003), S. 370f.
15 Vgl. Fleischmann (2001), S. 19ff.
16 Vgl. in Bezug auf Konsumgüterverpackungen insbesondere Souren (2002).
17 Hier kommen das Fernabsatzgesetz und die dort geregelten Sachverhalte zur Anwendung.
18 Vgl. Kroon/Vrijens (1995), S. 56ff., und Duhaime/Riopel/Langevin (2001), S. 3ff.
19 Vgl. Klausner/Hendrickson (2000), S. 156ff.
20 Vgl. Guide et al. (2002), S. 125ff.
21 Vgl. Toffel (2003), S. 102ff., und Fleischman et al. (2000), S. 653ff.
22 Vgl. z.B. Beltrán/Krass (2002), S. 437ff., Minner/Kleber (2001), S. 3ff., Richter/Sombrutzki (2000), S. 304ff., und Richter / Weber (2001), S. 447ff.
23 Vgl. z.B. Inderfurth/de Kok/Flapper (2001), S. 130ff., Minner (2001), S. 417ff., und Fleischmann/Kuik (2003), S. 25ff.
24 Vgl. hierzu den Überblicksaufsatz von de Brito/Dekker/Flapper (2004), S. 243ff.
25 Vgl. z.B. Schultmann/Zumkeller/Rentz (2004), S. 35ff.
26 Vgl. Sodhi/Reimer (2001), S. 97ff.
27 Vgl. Schultmann (1998) sowie Schultmann/Rentz (2001), S. 51ff.

28 Vgl. Spengler (1994).
29 Vgl. z.B. Wallau (2001), Bilitewski/Härdtle/Marek (2000), S. 416ff., sowie Mok/Kim/Moon (1997), S. 621ff.
30 Vgl. Schweitzer/Küpper (2003), S. 3.
31 Vgl. z.B. Schiemenz (1993), Sp. 4132.
32 Vgl. Schweitzer/Küpper (2003), S. 698, sowie Seidenschwarz (2002), Sp. 1933ff.
33 Vgl. Krikke/Bloemhof-Ruwaard/van Wassenhove (2003), S. 3689ff.
34 Vgl. z.B. Schweitzer/Küpper (2003), S. 109f.
35 Dies gilt beispielsweise für Stahlschrott, der sich in den Jahren 2003 und 2004 um mehrere hundert Prozent verteuert hat.
36 Vgl. z.B. Schilling (2005), S. 29. An dieser Stelle sei auch auf das in Abschnitt D.III dargestellte Beispiel verwiesen.
37 Vgl. Letmathe (1998).
38 Vgl. Steven/Letmathe (1996), S. 165ff.
39 Vgl. Letmathe (1998), S.163ff.
40 Vgl. Duhaime/Riopel/Langevin (2001), S. 3ff.
41 Vgl. Teng/Ho/Shumar (2005), S. 137ff.
42 Vgl. Riebel (1979a) und (1979b).
43 So liegen beispielsweise aufgrund der Maßgabe der EU-Richtlinie über Altfahrzeuge die Verwertungsquoten bei 85 Gewichtsprozent (ab 2006) und 95 Gewichtsprozent (ab 2015). Daraus ergeben sich maximale Beseitigungsquoten in Höhe von 15 bzw. 5 Gewichtsprozent. Ähnliche Bestimmungen enthält auch die EU-Richtlinie über Elektro- und Elektronik-Altgeräte.
44 Falls dies nicht möglich ist, muss der Produktionsrückstand entsorgt werden, was zugleich zu einer Erhöhung der Bruttobedarfsmenge führt. Rechnerisch ist dieses Vorgehen aber unproblematisch; vgl. hierzu Letmathe (1999), S. 17f.
45 Man beachte, dass eine Mengeneinheit Nettobedarf nicht mit einer Mengeneinheit Rücklaufmenge zu verwechseln ist.
46 Aus Gründen der Übersichtlichkeit wird hier derselbe Aufbereitungskostensatz verwendet wie bei der internen Verwertung. Dies dürfte auch in vielen Fällen realistisch sein. Erfolgt ein externes Recycling, so kann sich der Kostensatz von dem des internen Recycling unterscheiden. Eine solche Differenzierung ist unproblematisch.
47 Das Beispiel orientiert sich an den öffentlich verfügbaren Informationen zu dem im Januar 2005 gestarteten EU-Projekt „Controlled Closed Loop Recycling“ (ConCloRe), das vom Bremer Institut für Betriebstechnik und angewandte Arbeitswissenschaft zusammen mit Partnern aus der Automobilindustrie durchgeführt wird. Vgl. zum Projekt ConCloRe, Schilling (2005), S. 29, sowie www.biba.uni-bremen.de/projects.
48 Die hier verwendeten Zahlen stammen nicht von den Projektpartnern des ConCloRe-Projekts und sind – obwohl in der Größenordnung realistisch – als fiktiv anzusehen.
49 Laut Schilling (2005), S. 29, läuft zurzeit das Patentierungsverfahren.
50 Vgl. § 4 der Altfahrzeugverordnung vom 21. Juni 2002. Die Altfahrzeugverordnung bildet den Artikel 3 des Altfahrzeuggesetzes.

Literatur

Bayindir, Z.P.; Erkip, N.; Güllü, R.: A model to evaluate inventory costs in a remanufacturing environment, in: International Journal of Production Economics 81–82 (2003), 597–607

Beltrán, J.L.; Krass, D.: Dynamic lot sizing with returning items and disposals, in: IIE Transactions 34 (2002), 437–448

Bilitewski, G.; Härdtle, G.; Marek, K.: Abfallwirtschaft, Springer, Berlin/Heidelberg/New York, 3. Aufl. 2000

Bras, B.; McIntosh, M.W.: Product, process and organizational design for remanufacture: an overview of research, in: Robotics and Computer Integrated Manufacturing 15 (1999), 167–178 de Brito, M.P.; Dekker, R.; Flapper, S.D.P.: Reverse logistics: a review of case studies, in: Lecture Notes in Economics and Mathematical Systems 544 (2004), 243–282

Debo, L.G.; Savaskan, R.C.; van Wassenhove, L.N.: Coordination in Closed-Loop Supply Chains, in: Dekker, R.; Fleischmann, M.; Inderfurth, K.; van Wassenhove, L.N. (eds.): Reverse Logistics, Springer, Berlin/Heidelberg/New York 2004, 295–311

Duhaime, R.; Riopel, D.; Langevin, A.: Value analysis and optimization of reusable containers at Canada Post, in: Interfaces 31 (2001), 3–15

Dyckhoff, H.; Lackes, R.; Reese, J. (eds.): Supply Chain Management, Springer, Berlin/Heidelberg/New York 2004

Fleischmann, M.: Quantitative Models for Reverse Logistics, Springer, Berlin/Heidelberg/New York 2001

Fleischmann, M.; Beullens, P.; Bloemhof-Ruwaard, J.M.; van Wassenhove, L.N.: The Impact of Product Recovery on Logistics Network Design, in: Production and Operations

Fleischmann, M.; Bloemhof-Ruwaard, J.M.; Dekker, R.; van der Laan, E.A.: Quantitative models for reverse logistics, in: European Journal of Operational Research 103 (1997), 1–17

Fleischmann, M.; Krikke, H.R.; Dekker, R.; Flapper, S.D.P.: A characterisation of logistics networks for product recovery, in: Omega 28 (2000), 653–666

Fleischmann, M.; Kuik, R.: On optimal inventory control with independent stochastic item returns, in: European Journal of Operational Research 151 (2003), 25–37

Guide, V.D.R.; Jayaraman, V.; Srivastava, R.; Benton, W.C.: Supply-chain management for recoverable manufacturing systems, in: Interfaces 30 (2000), 125–142

Guide, V.D.R.; van Wassenhove, L.N.: Closed-loop Supply Chains, in: Klose, A.; Sperenza, M.G.; van Wassenhove, L.N. (eds.): Quantitative Approaches of Distribution Logistics and Supply Chain Management, Springer, Berlin/Heidelberg/New York 2002, 47–60

Inderfurth, K.; de Kok, A.G.; Flapper, S.D.P.: Product recovery in stochastic remanufacturing systems with multiple reuse options, in: European Journal of Operational Research 133 (2001), 130–152

Klausner, M.; Hendrickson, C.T.: Reverse logistics strategy for product take-back, in: Interfaces 30 (2000), 156–165

Krikke, H.; Bloemhof-Ruwaard, J.; van Wassenhove, L.N.: Concurrent product and closed-loop supply chain design with an application to refrigerators, in: International Journal of Production Research 41 (2003), 3689–3720

Kroon, L.; Vrijens, G.: Returnable containers: an example of reverse logistics, in: International Journal of Physical Distribution & Logistics Management 25 (1995), 56–68

Krumwiede, D.W.; Sheu, C.: A model for reverse logistics entry for third-party providers, in: Omega 30 (2002), 325–333

van der Laan, E.A.: An NPV and AC analysis of a stochastic inventory system with joint manufacturing and remanufacturing, in: International Journal of Production Economics 81-82 (2003), 317–331

Letmathe, P.: Umweltbezogene Kostenrechnung, Vahlen, München 1998

Letmathe, P.: Prozeßoptimierung mit Hilfe der umweltbezogenen Kostenrechnung, in: Umweltwirtschaftsforum 7 (1999), 12–17

Letmathe, P.; Wagner, G.R.: Umweltkostenrechnung, in: Küpper, H.-U.; Wagenhofer, A. (Hrsg.): Handwörterbuch Unternehmensrechnung und Controlling, Schäffer-Poeschel, Stuttgart 2002, 1988–1997

Minner, S.: Strategic safety stocks in reverse logistics supply chains, in: International Journal of Production Economics 71 (2001), 417–428

Minner, S.; Kleber, R.: Optimal control of production and remanufacturing in a simple recovery model with linear cost functions, in: OR Spektrum 23 (2001), 3–24

Mok, H.S.; Kim, H.J.; Moon, K.S.: Disassemblability of Mechanical Parts in Automobile for Recycling, in: Computers & Industrial Engineering 33 (1997), 621–624

Moyer, L.K.; Gupta, S.M.: Environmental concerns and recycling/disassembly efforts in the electronics industry, in: Journal of Electronics Manufacturing 7 (1997), 1–22

Raman, A.; Kim, B.: Quantifying the impact of inventory holding cost and reactive capacity on apparel manufacturer's profitability, in: Production and Operations Management 11 (2002), 358–373

Richter, K.; Gobsch, B.: The market-oriented dynamic product recovery model in the just-in-time framework, in: International Journal of Production Economics 81-82 (2003), 369–374
Richter, K.; Sombrutzki, M.: Remanufacturing planning for the reverse Wagner/Whitin models, in: European Journal of Operational Research 121 (2000), 304–315
Richter, K.; Weber, J.: The reverse Wagner/Whitin model with variable manufacturing and remanufacturing cost, in: International Journal of Production Economics 71 (2001), 447–456
Riebel, P.: Zum Konzept einer zweckneutralen Grundrechnung, in: Zeitschrift für betriebswirtschaftliche Forschung 31 (1979a), 785–798
Riebel, P.: Gestaltungsprobleme einer zweckneutralen Grundrechnung, in: Zeitschrift für betriebswirtschaftliche Forschung 31 (1979b), 863–893
Schiemenz, B.: Betriebswirtschaftliche Systemanalyse, in: Wittmann, W.; Kern, W.; Köhler, R.; Küpper, H.-U.; von Wysocki, K. (Hrsg.): Handwörterbuch der Betriebswirtschaft, Teilband 3, Schäffer-Poeschel, Stuttgart, 5. Aufl. 1993, 1173–1184
Schilling, J.: Plastik fischen im Autoschrott, in: Financial Times Deutschland, 03.03.2005, 29
Schultmann, F.: Kreislaufführung von Baustoffen - Stoffflußbasiertes Projektmanagement für die operative Demontage- und Recyclingplanung von Gebäuden, Erich Schmidt Verlag, Berlin 1998
Schultmann, F.; Rentz, O.: Environment-oriented project scheduling for the dismantling of buildings, OR Spektrum 23 (2001), 51–78
Schultmann, F.; Zumkeller, M.; Rentz, O.: Integrating Spent Products' Materials into Supply Chains: The recycling of End-Of-Life Vehicles as an Example, in: Dyckhoff, H.; Lackes, R.; Reese, J. (Eds.): Supply Chain Management and Reverse Logistics, Berlin/Heidelberg/New York 2004, 35–59
Schweitzer, M.; Küpper, H.-U.: Systeme der Kosten- und Erlösrechnung, Vahlen, München, 8. Aufl. 2003
Seidenschwarz, W.: Target Costing, in: in: Küpper, H.-U.; Wagenhofer, A. (Hrsg.): Handwörterbuch Unternehmensrechnung und Controlling, Schäffer-Poeschel, Stuttgart 2002, 1933–1946
Sodhi, M.S.; Reimer, B.: Models for recycling electronics end-of-life products, in: OR Spektrum 23 (2001), 97–115
Souren, R.: Konsumgüterverpackungen in der Kreislaufwirtschaft, Deutscher Universitäts-Verlag, Wiesbaden 2002
Spengler, T.: Industrielle Demontage- und Recyclingkonzepte, Erich Schmidt Verlag, Berlin 1994
Steven, M.: Recycling in betriebswirtschaftlicher Sicht, in: Das Wirtschaftsstudium 24 (1995), 689–697
Steven, M.; Letmathe, P.: Umweltstücklisten als Datengrundlage für umweltorientierte PPS-Systeme, in: Albach, H.; Dyckhoff, H. (Hrsg.): Betriebliches Umweltmanagement 1996 (ZfB-Ergänzungsheft 2/96), Gabler, Wiesbaden 1996, 165–183
Teng, S.G.; Ho, S.M.; Shumar, D.: Enhancing supply chain operations through effective classification of warranty returns, in: International Journal of Quality and Reliability Management 22 (2005), 137–148
Teunter, R.H.; van der Laan, E.A.: On the non-optimality of the average cost approach for inventory models with remanufacturing, in: International Journal of Production Economics 79 (2002), 67–73
Teunter, R.H.; van der Laan, E.A.; Inderfurth, K.: How to set the holding cost rates in average cost inventory models with reverse logistics?, in: Omega 28 (2000), 409–415
Toffel, M.W.: The growing strategic importance of end-of-life product management, in: California Management Review 45 (2003), No. 3, 102–129
Wallau, F.: Kreislaufwirtschaftssystem Altauto, Deutscher Universitäts-Verlag, Wiesbaden 2001

Zusammenfassung

Der Artikel beleuchtet zunächst verschiedene Forschungsfelder von Reverse Logistics, um typische kostenrechnerische Grundprobleme und Lösungsansätze der Rückführlogistik zu erörtern. Dabei handelt es sich insbesondere um die wertmäßige Erfassung der Kosten von Rücklaufströmen, um systemische Aspekte, um Wagniskosten und um die sachgerechte Kostenzurechnung. Darauf aufbauend wird ein Schema zur additiven Ermittlung der Verrechnungspreise von Rücklaufströmen vorgestellt. Anschließend werden die Kosten der Rücklaufströme den bei der Produktion eingesetzten Materialien zugeordnet. Die Komplexität der Verrechnung liegt bei der Berücksichtigung einer Reihe von zyklischen Beziehungen. Das gesamte Vorgehen wird anhand eines numerischen Beispiels verdeutlicht.

Summary

The article categorizes different fields of research in the area of "Reverse Logistics" as a basis to discuss related managerial accounting problems and solutions. Especially costs of returns (reverse product flows), systemic aspects, venture costs and correct cost assignment are considered. A scheme how to calculate internal prices of returns is presented. Consequently, the costs of returns are assigned to the input materials which are recycled and can be utilized in the production process again. The complexity of the cost assignment is caused by several cyclic relations which have to be taken into account. The calculation and assignment of costs of returns is illustrated by a numerical example.

JEL: M40, Q56

Stochastische Bestandsdisposition in integrierten Produktions- und Recyclingsystemen

Von Karl Inderfurth

Überblick

- Produktrecycling führt in Kombination mit regulären Produktionsprozessen in einem Unternehmen zu geschlossenen Stoffkreisläufen, deren Management besondere Anforderungen an die Produktionsplanung und -steuerung stellt. Dies gilt ebenso für das Recycling prozessinduzierter wie produktinduzierter Rückstände. In diesen Fällen sind interne bzw. externe Rückflüsse von Recyclingobjekten (fehlerhafte Produkte bzw. Altprodukte) zu verarbeiten, deren Auftreten durch ein hohes Maß an Unsicherheit charakterisiert ist.
- Der vorliegende Beitrag untersucht, welche Hinweise in einem entsprechenden Problemzusammenhang mit zufallsabhängigen Rückflüssen und Bedarfen die stochastische Dynamische Optimierung zur optimalen Koordination von Produktions- und Recyclingentscheidungen liefern kann. Als praktischer Ansatz wird – getrennt für den Fall interner und externer Rückflüsse – die Anwendung einer einfach strukturierten Dispositionsregel zur stochastischen Bestandsdisposition vorgeschlagen. Die dabei zu verwendenden Dispositionsparameter werden auf Basis einer heuristischen Vorgehensweise problemadäquat festgelegt.
- Es zeigt sich, dass eine erfolgversprechende Dispositionsregel außer von der Stochastik der Rückflüsse und Bedarfe auch sehr stark von dem Verhältnis der Durchlaufzeiten von Produktion und Recycling geprägt ist. Im Ergebnis stellt sich heraus, dass sich für eine effektive Bestandsdisposition bei Unsicherheit die Produktions- und Recyclingentscheidungen an getrennten Sicherheitsbeständen sowie an jeweils spezifischen Informationen über Bestände und offene Aufträge orientieren müssen. Dabei sind die Sicherheitsbestände im Fall interner Produktrückflüsse – anders als bei externen Rückflüssen – laufend dynamisch anzupassen.

Eingegangen: 09. Februar 2005

Prof. Dr. Karl Inderfurth, Otto-von-Guericke-Universität Magdeburg, Fakultät für Wirtschaftswissenschaft, Lehrstuhl für Betriebswirtschaftslehre, insbesondere Produktion und Logistik, Universitätsplatz 2, 39106 Magdeburg.
Bevorzugte Arbeitsgebiete: Supply Chain Management und Reverse Logistics

ZfB
ZEITSCHRIFT FÜR BETRIEBSWIRTSCHAFT

A. Einleitung und Problemstellung

Reverse Logistics beschäftigt sich mit logistischen Aufgaben im Zusammenhang mit Güter- und Stoffflüssen, die entgegengesetzt zur Fließrichtung in regulären Wertschöpfungsketten auftreten.[1] Die Objekte derartiger Rückflüsse können prozessorientiert in Form von Produktionsrückständen oder produktorientiert als Konsumptionsrückstände anfallen. Das zunehmende Interesse an Managementaufgaben im Rahmen von Reverse Logistics ist zum einen darauf zurückzuführen, dass diese Rückflüsse und deren Behandlung aus ökologischer Sicht immer größere öffentliche Beachtung gefunden haben, was sich in Form staatlicher Regulierungen unmittelbar auf die Unternehmenspolitik auswirkt.[2] Zum anderen wird zunehmend erkannt, dass die Verwertung von Rückständen nicht nur zur Vermeidung hoher Beseitigungskosten ökonomisch interessant sein kann, sondern auch, weil durch Recyclingmaßnahmen wertvolle Bestandteile dieser Güter erhalten bzw. wiedergewonnen und gewinnbringend einer neuen Nutzung zugeführt werden können.

Die damit verbundenen Aktivitäten in Form der Rückgewinnung von Roh- und Werkstoffen (Materialrecycling) auf niedriger bzw. von Bauteilen, Komponenten und kompletten Produkten (Produktrecycling) auf höherer Wertschöpfungsstufe führen zu Systemen geschlossener Stoffkreisläufe, die neue und komplexe Managementaufgaben für die davon betroffenen Unternehmen mit sich bringen.[3] Dabei lassen die unterschiedlichen Triebkräfte für ein Engagement im Recyclingbereich wie gesetzliche Verpflichtung aus Produktverantwortung bzw. Nutzung von Marktchancen auch unterschiedliche Schwerpunktsetzungen im Rahmen des Recyclingmanagements erkennen.[4] Eine immer größere Bedeutung erlangt in diesem Zusammenhang das Produktrecycling als die höchste Form einer werterhaltenden, erneuten Nutzung von Recyclingobjekten. Auf diesen Typ von Recycling soll in der vorliegenden Arbeit speziell Bezug genommen werden.

Produktrecycling im Rahmen der Verwertung produktinduzierter Rückstände tritt vor allem als Altprodukt- und Altteilerecycling auf, das mittlerweile auch für hochwertige komplexe Wirtschaftsgüter zu einem wichtigen Wirtschaftszweig geworden ist.[5] Hierbei werden Altprodukte bzw. Komponenten oder Bauteile aus diesen Produkten nach Demontage und Aufarbeitung wieder in den Zustand von Neuprodukten oder Neuteilen gebracht. Beispiele hierfür finden sich für viele Produktbereiche wie Kfz-Komponenten, Kopierer, Computer oder Mobiltelefone.[6] Im Gegensatz zu derartigen Remanufacturing-Systemen, bei denen die Recyclinggüter den Unternehmen extern vom Absatzmarkt her zufließen, wird Produktrecycling bei prozessbedingten Rückständen durch interne Rückflüsse induziert, die z.B. als Produktionsausschuss in regulären Fertigungsprozessen auftreten und durch Nacharbeit in einen qualitätskonformen Zustand gebracht werden. Zu dieser Art von Produktrecycling zählt auch der Wiedereinsatz von Nebenausbringungen in der Prozessindustrie, die nach spezifischen Aufarbeitungsschritten zur Herstellung der Zielprodukte weiter genutzt werden können.

Beim Management industrieller Kreislaufwirtschaftssysteme sind eine Vielzahl von Gestaltungs-, Planungs- und Steuerungsaufgaben zu bewältigen, zu deren Lösung sich in starkem Maße Verfahren des Operations Research einsetzen lassen.[7] Dies gilt insbesondere für Aufgaben der integrierten Produktions- und Recyclingplanung sowie der Materialdisposition.[8] Integrierte Konzepte zur Planung von Produktions- und Recyclingprozessen im Rahmen interner Produktrückflüsse sind schon seit längerem aus der Prozessindustrie bekannt und basieren auf deterministischen Ansätzen der linearen bzw. nichtlinearen Programmierung.[9] Eine vergleichbare unternehmensinterne Notwendigkeit zur Integration von Produktions- und Recyclingplanung ergibt sich im Fall externer Produktrückflüsse immer dann, wenn die Hersteller von Originalprodukten selbst auf dem Geschäftsfeld der Aufarbeitung und Wiedervermarktung von Altprodukten tätig sind, wie dies in vielen Branchen (z.B. im Kfz-Bereich, bei Medizintechnik oder Büromaschinen) der Fall ist. Hier verknüpfen Systeme der Produktionsplanung und -steuerung (PPS) die Prozesse der Montage von Neuprodukten mit solchen der Demontage sowie Aufarbeitung und Remontage von Altprodukten, sodass anstelle von bisher zyklenfreien Montagestrukturen Prozessstrukturen mit Zyklen berücksichtigt werden müssen. Die planerischen Herausforderungen, die sich hieraus ergeben, sind schon vor längerer Zeit erkannt worden[10] und haben zu einer Reihe von Vorschlägen zur Erweiterung gängiger PPS-Konzepte und deren DV-technischer Umsetzung in Form sog. PRPS-Systeme geführt.[11]

Eine besondere Herausforderung stellt hierbei die Erweiterung der Materialdisposition zur Einbeziehung der Materialzuflüsse aus Recyclingprozessen dar. Der hiermit zusammenhängenden Koordinationsaufgabe wird häufig durch eine entsprechende Erweiterung der programmorientierten Materialbedarfsrechnung nach dem sog. MRP-Konzept um erwartete Zuflüsse aus dem Produktrecycling Rechnung getragen.[12] Damit bleibt allerdings die Frage offen, wie einer zweiten fundamentalen Herausforderung aus der Integration des Produktrecycling begegnet werden soll, die darin besteht, dass Produktrückflüsse und die mit ihnen verbundenen Recyclingprozesse in besonders hohem Maße mit Unsicherheiten behaftet sind, die für Produktionsplanung und Materialdisposition nicht unberücksichtigt bleiben dürfen.[13] Diese Unsicherheit bezieht sich sowohl auf den Anfall von Ausschussteilen oder Nebenausbringungen in der Produktion, die prozessbedingt häufig schwer vorhersehbaren Schwankungen unterliegen, als auch auf den Zustrom von Altprodukten, deren Verfügbarkeit in der Regel weder in zeitlicher und mengenmäßiger noch in qualitätsmäßiger Hinsicht leicht prognostizierbar ist. Im Zusammenhang mit qualitätsbezogener Unsicherheit ist auch die Ausbeuteunsicherheit im Hinblick auf die Nutzbarkeit von Komponenten und Teilen aus Altprodukten nach deren Demontage zu sehen. Für die Einbeziehung dieser Unsicherheiten in die Materialdisposition wird in allen Ansätzen zur integrierten Planung auf den Einsatz von Sicherheitsbeständen bzw. den Ansatz von Zusatzbedarfen für Ungenauigkeiten im Rahmen der Nettobedarfsrechnung hingewiesen.[14] Hierbei bietet der Einsatz von Sicherheitsbeständen grundsätzlich den Vorteil, dass gemeinsam mit den recyclingbezogenen Unsicherheiten auch mögliche Unsicherheiten auf der Bedarfsseite in einer Absicherungskomponente zusammengefasst werden können. Nirgendwo wird allerdings in der Literatur ein Hinweis gegeben, wie in diesen Fällen die Höhe der Sicherheitsbestände oder anderer Absicherungsparameter sachlich fundiert vorgegeben werden soll.

Da die sachgerechte Festlegung von Sicherheitsbeständen zur kombinierten Absicherung gegen Bedarfs- und Ausbeuterisiken schon in Produktionssystemen ohne Rückflüsse von Recyclinggüter ein schwer lösbares Problem darstellt, gilt dies erst recht in integrierten Systemen mit rückflussbedingten Materialkreisläufen.[15] Um den Mangel an theoretischer Fundierung bei der Berücksichtigung von Unsicherheit im Rahmen der integrierten Materialdisposition zu beheben, soll im vorliegenden Beitrag untersucht werden, inwieweit sich aus der Anwendung einer verbrauchsgesteuerten stochastischen Disposition Erkenntnisse für die optimale Steuerung der Prozess- und Bestandsentscheidungen in einem integrierten Produktions- und Recyclingsystem ableiten lassen. Die damit mögliche Einbeziehung von Pull-Strategien zur Materialdisposition soll dazu genutzt werden, Erkenntnisse über die optimale Strategieform der Bestandssteuerung durch Produktions- und Recyclingentscheidungen zu gewinnen. Des Weiteren kann auf dieser Basis versucht werden, methodisch fundierte Verfahren zur Festlegung von Sicherheitsbeständen bei integrierter Disposition zu entwickeln, die als Dispositionsparameter auch Eingang in die gängigen deterministischen Dispositionssysteme nach einem MRP-Schema finden können.

Will man derartig komplexe Zusammenhänge untersuchen, so sind Einschränkungen im Hinblick auf die Abbildungstreue realer Produktionssysteme unumgänglich. Deshalb beschränkt sich die Analyse auf den elementaren Fall einer einzigen Lagerstufe, auf der ein Lagerbestand eines Produkts disponiert wird, der sowohl durch Zugang aus Neuproduktion als auch aus Recycling von Produktrückflüssen gesteuert werden kann. Aufgrund der strategischen Vorentscheidungen zum Einsatz von Produktrecycling wird die Recyclingoption grundsätzlich als die kostengünstigere betrachtet. Die besondere Komplexität des Dispositionsproblems rührt daher, dass sowohl die Produktbedarfe als auch die Rückflüsse an verwertbaren Recyclinggütern als stochastische Größen (mit bekannten Wahrscheinlichkeitsverteilungen) angesehen werden. Die untersuchte Produktionsstufe kann damit als die Endfertigungsstufe im Rahmen marktorientierter Produktion (auf Lager) bzw. als die Hauptlagerstufe für Vorprodukte bei auftragsorientierter Produktion der Enderzeugnisse betrachtet werden. Entsprechend der gängigen Vorgehensweise in PPS-Systemen wird von einem periodischen Planungsrhythmus ausgegangen. Weil die integrierte Bestandsdisposition im Fall des Recyclings interner prozessbedingter Produktrückflüsse einige fundamentale Unterschiede zur Situation des Recyclings externer Altproduktrückflüsse aufweist, sollen diese beiden Problembereiche in den Abschnitten C und D dieses Beitrags getrennt behandelt werden. Zuvor wird in Abschnitt B kurz auf die Grundlagen der stochastischen Disposition im Fall ohne Produktrückflüsse eingegangen, um das gemeinsame Grundkonzept für die Erweiterung auf eine integrierte Disposition mit Rückflüssen zu beschreiben.

B. Stochastische Bestandsdisposition ohne Produktrückflüsse

Um die besondere Problematik der stochastischen Bestandsdisposition mit Produktrückflüssen besser einordnen zu können, ist es zweckmäßig, sich zunächst mit dem traditionellen Fall der Disposition ohne Produkt- oder Materialrückflüsse zu befassen. Als wesentliche Unsicherheitsquelle wird hier die mangelnde Prognostizierbarkeit des Produktabsatzes betrachtet. Die Unsicherheit der Absatzmenge wird im Weiteren durch eine stochastische Nachfrageverteilung beschrieben. Im elementaren Fall eines einstufigen Produktions-Lager-Prozesses lässt sich ein solches logistisches System wie in Abbildung 1 charakterisieren.

Die Hauptaufgabe des Lagers besteht hier neben der Ausgleichsfunktion in der Absicherungsfunktion gegen Lieferunfähigkeit bei unerwartet hoher Nachfrage. Aus dieser Sicht kommt es bei der Vorratsdisposition darauf an, den Lagerbestand im Zeitablauf durch

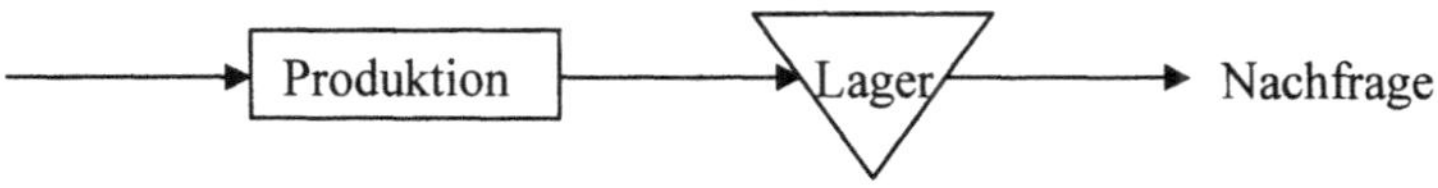

Abb. 1: Einfaches Produktions-Lager-System

Terminierung und Umfang der Produktion so zu steuern, dass ein gewünschter Kundenservicegrad zu minimalen Kosten erreicht wird bzw. dass im Fall der Bewertbarkeit von Fehlmengen durch (Opportunitäts-) Kosten die durch Bestandsdisposition beeinflussbaren Gesamtkosten minimiert werden. Hierbei kann man sich an einer Reihe von Standarddispositionsregeln orientieren die sich durch wenige Dispositionsparameter (wie Bestellpunkt, Bestellgrenze u.ä.) beschreiben lassen.[16] Um die Problematik der Unsicherheit isoliert betrachten zu können, sollen im Folgenden Aspekte der Losgrößenbildung unbeachtet bleiben und der Fokus der Untersuchung auf Dispositionssystemen mit sogenanntem Bestellrhythmusverfahren liegen, in deren Rahmen in gleichbleibenden Zeitabständen jeweils Produktionsaufträge in solcher Höhe veranlasst werden, dass der disponible Lagerbestand immer wieder auf einen fest vorgegebenen Sollbestand gebracht wird. Bei derartiger Disposition spricht man von einer (t,S)-Regel oder einfach auch S-Regel, wobei t den vorgegebenen Produktionsrhythmus und S eine Obergrenze für die Anpassung des Lagerbestands darstellt, die im Weiteren als *Produktionsgrenze* S_P bezeichnet werden soll. Benennt man mit p_t die Produktionsmenge der Periode t und mit x_{Ft} den disponiblen Fertigwarenbestand, d.h. die Summe aus Nettobestand (körperlicher Bestand abzüglich Lieferrückstände) und allen offenen Produktionsaufträgen, so lässt sich die Dispositionsregel folgendermaßen formal beschreiben:

(1) $$p_t = \max\left\{S_P - x_{Ft};\ 0\right\}.$$

Diese Regel entspricht einer Pull-Strategie der Produktionssteuerung und ist bei produktweiser Einzeldisposition ohne fixe Auflagekosten kostenoptimal.[17] Die Produktionsgrenze S_P setzt sich hierbei additiv aus der erwarteten Nachfrage im Risikozeitraum (Produktionsdurchlaufzeit plus Länge des Produktionszyklus) und einem Sicherheitsbestand zusammen.[18] Bei über die Zeit variierenden Nachfragewahrscheinlichkeiten oder Kosteneinflüssen (d.h. bei instationären Bedingungen) kann die Produktionsgrenze von Periode zu Periode unterschiedliche Werte annehmen.

Zur Festlegung der Produktionsgrenze bzw. des Sicherheitsbestands kann man auf die Ergebnisse der stochastischen Lagerhaltungstheorie zurückgreifen. Diese setzt bei der Formulierung des Dispositionsproblems als stochastisches Dynamisches Optimierungsproblem an, aus dessen Rekursionsbeziehungen (siehe Anhang B) neben der optimalen Struktur der Dispositionsregel auch die Optimalwerte des Dispositionsparameters abgeleitet werden können. Im vorliegenden Fall ist dies unter stationären Bedingungen sogar analytisch möglich.[19] Unter diesen Bedingungen gilt eine sog. Newsboy-Lösung, die sich folgendermaßen formulieren lässt:[20]

(2) $$S_P = F^{-1}_{\lambda_P+1}(\alpha_P) \quad \text{mit} \quad \alpha_P = \frac{c^-}{c^- + c^+}.$$

Hierbei gilt als Notation

$F_\lambda(.)$, $F_\lambda^{-1}(.)$: Verteilungsfunktion der stochastischen Nachfrage über λ Perioden bzw. deren Inverse
λ_P: Durchlaufzeit der Produktion
c^-: marginale Bestandskosten bei zu niedrigem Bestand (Unterbestand).
c^+: marginale Bestandskosten bei zu hohem Bestand (Überbestand).

Die Größe α kann in diesem Fall auch als Servicegrad interpretiert werden, der besagt, in wie viel Prozent der Perioden der Bestand ausreicht, um die komplette Nachfrage zu befriedigen. Geht man, bezogen auf die gegebene Planungssituation, von folgenden Kostenparametern aus:

h_F: Lagerhaltungskostensatz für Fertigprodukte (pro Stück und Periode)
v_F: Fehlmengenkostensatz für Fertigprodukte (pro Stück und Periode),

so ergibt sich hier folgender unmittelbarer Zusammenhang:

$$(3) \qquad c^- = v_F \quad \text{und} \quad c^+ = h_F \quad \Rightarrow \quad \alpha_P = \frac{v_F}{v_F + h_F} .$$

Die Stückproduktionskosten spielen hier keine Rolle für die Optimierung, weil im stationären Fall die mittlere Produktionsmenge unter der Annahme der Nachlieferung möglicher Fehlmengen der mittleren Nachfrage entsprechen muss und somit die Produktionskosten festliegen. Die definitive Höhe der optimalen Produktionsgrenze aus Beziehung (2) hängt von der konkreten Wahrscheinlichkeitsverteilung $F_\lambda(.)$ der Nachfrage ab. Kann die Periodennachfrage als unabhängig und normalverteilt betrachtet werden, so lässt sich mit der Notation

μ_D: Erwartungswert der Periodennachfrage
σ_D: Standardabweichung der Periodennachfrage
$k(\alpha_P)$: Sicherheitsfaktor als Funktion des Serviceparameters α_P
SB_P: Sicherheitsbestand bei Produktionsentscheidung

der Dispositionsparameter S_P in folgender Form beschreiben:

$$(4) \qquad S_P = SB_P + (\lambda_P + 1) \cdot \mu_D$$

mit

$$(5) \qquad SB_P = k(\alpha_P) \cdot \sigma_D \cdot \sqrt{\lambda_P + 1} .$$

Hierbei stellt $\sigma_D \cdot \sqrt{\lambda_p + 1}$ die Standardabweichung der Nachfrage im Risikozeitraum von $\lambda_p + 1$ Perioden dar, wobei der Produktionszyklus hier genau auf eine Zeitperiode normiert ist. Der sog. Sicherheitsfaktor $k(\alpha_P)$ entspricht dem α_P-Quantil der Standardnormalverteilung. Auf diese Weise lassen sich die Optimalwerte von SB_P und S_P in einfacher

Form numerisch ermitteln. In Beziehung (5) beschreibt die Nachfragestreuung im Risikozeitraum die Höhe des durch Sicherheitsbestand abzudeckenden Risikos, während der Sicherheitsfaktor das Ausmaß wiedergibt, in dem eine Abdeckung stattfinden sollte.

Die einfache (t, S)-Dispositionsregel bleibt unter den obigen Rahmenbedingungen von ihrer Struktur her auch in mehrstufigen logistischen Ketten unterschiedlicher Komplexität optimal, solange keine Zyklen durch das Auftreten von Produktrückflüssen zu betrachten sind.[21] Im Weiteren ist zu prüfen, wie die vorgestellten Ergebnisse zur Bestandsdisposition in elementaren Logistiksystemen ohne Produktrückflüsse sich ändern, wenn Rückflüsse und die damit zusammenhängenden zusätzlichen Unsicherheiten im Rahmen integrierter Disposition zu berücksichtigen sind.

C. Bestandsdispositionen bei externen Produktrückflüssen

I. Das allgemeine Dispositionsproblem

Reverse Logistics-Systeme mit externen Rückflüssen von Altprodukten, die im Rahmen von Remanufacturing-Strategien aufgearbeitet werden und wieder wie Neuprodukte vermarktet werden können, sind aus Dispositionssicht mit zwei zusätzlichen Problemkomponenten verbunden. Zum einen muss der Fertigproduktbestand im Hinblick auf zwei Zuflussmöglichkeiten integriert disponiert werden, weil er sowohl aus Neuproduktion als auch aus Aufarbeitung ergänzt werden kann. Zum anderen bringt der Altproduktrückfluss eine zusätzliche Unsicherheit in die Planung, weil er in aller Regel weder mengen- und qualitäts- noch zeitmäßig genau prognostiziert werden kann. Damit stellt sich als weitere Aufgabe die Disposition eines zusätzlichen Lagerbestands für Altprodukte in einem Rückflusslager, die natürlich nicht isoliert von der Disposition des Fertigproduktbestands vorgenommen werden sollte. Das Gesamtsystem mit Produktrückflüssen hat damit die in Abbildung 2 skizzierte Struktur.

Die Dispositionsaufgabe besteht hier darin, in jeder Periode festzulegen, in welchem Umfang neu produziert werden soll und welche Mengen aus dem Rückflusslager zur Aufarbeitung zu entnehmen sind, um den Fertigproduktbestand vor dem Hintergrund stochastischer Nachfrage optimal zu steuern. Dabei ist zu berücksichtigen, dass auch die zukünf-

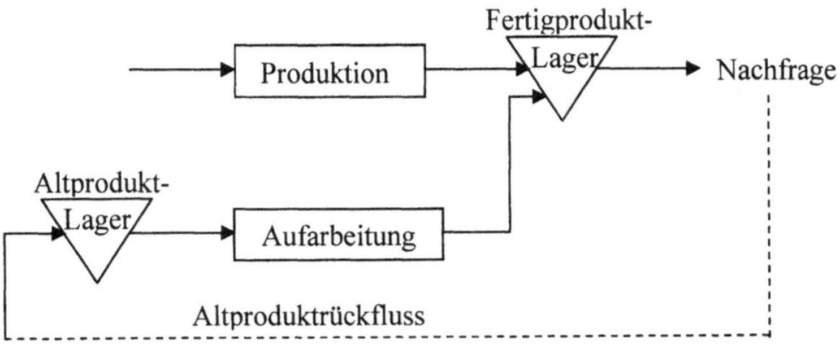

Abb. 2: Produktions-Recycling-System mit externen Rückflüssen

tigen Zuflüsse an aufarbeitbaren Altprodukten stochastisch sind. In der Regel wird man davon ausgehen können, dass wegen der im Vergleich zum Dispositionszeitraum relativ langen Verweilzeit der Produkte im Markt keine Korrelation zwischen Neuproduktnachfrage und Altproduktrückflüssen im Rahmen der Bestandsdisposition einzubeziehen ist. An Kosteneinflussgrößen treten hier neben den Fehlmengen- und Lagerhaltungskosten für Endprodukte zusätzlich die aufgrund geringerer Werthaltigkeit in der Regel niedrigeren Lagerhaltungskosten für Altprodukte auf. Die Durchlaufzeit für Aufarbeitungsprozesse kann je nach Sachlage nach oben oder nach unten von der Produktionsdurchlaufzeit abweichen. Bezüglich der Produktions- und Aufarbeitungskosten kann angenommen werden, dass für Altprodukte mit hinreichender Qualität eine Aufarbeitung immer kostengünstiger als eine Neuproduktion verbunden mit Altproduktentsorgung ist, da ansonsten eine Remanufacturing-Strategie ohnehin nicht in Frage kommt.

Geht man von einer stationären Planungsumgebung aus und unterstellt, dass die Altproduktrückflüsse die Neuproduktnachfragen im Durchschnitt nicht übersteigen, so werden auf Dauer alle aufarbeitbaren Altprodukte zur Bedarfsbefriedigung verwertet und die verbleibende Lücke wird durch Neuproduktion geschlossen. Damit spielt die genaue Höhe der Aufarbeitungs- und Neuproduktionskosten (sofern von Fixkosten abgesehen wird) für die optimale Bestandsdisposition keine Rolle. Allerdings haben die Durchlaufzeiten von Produktion und Aufarbeitung eine große Bedeutung, weil sie für die Reaktionsschnelligkeit dieser beiden Optionen zur Versorgung des Fertigproduktlagers relevant sind.

II. Disposition bei identischen Durchlaufzeiten

Betrachtet man zunächst den Fall, dass beide Durchlaufzeiten gleich lang sind, so beeinflussen die Produktions- und Aufarbeitungsentscheidungen einer Periode den Lagerbestand an Fertigprodukten genau zum selben zukünftigen Zeitpunkt. Damit setzt sich der disponible Lagerbestand hier zusätzlich zum Nettobestand und den offenen Produktionsaufträgen auch aus allen offenen Aufarbeitungsaufträgen zusammen. Zu diesem disponiblen Fertigproduktbestand kommt als zur Entscheidungsfindung relevante Bestandsinformation in jeder Periode auch der physische Bestand an Altprodukten im Aufarbeitungslager hinzu. Sofern aufgrund eines geringen Altproduktaufkommens die Produktrückflüsse in den einzelnen Perioden die jeweilige Periodennachfrage nicht übersteigen können, ändert sich die Dispositionsregel nach der Pull-Strategie aus Beziehung (1) für den Fall ohne Rückflüsse nur in folgender Hinsicht.

Nunmehr bezieht sich die Produktionsmenge in jeder Periode ausschließlich auf die Restmenge, die notwendig ist, um den Lagerbestand auf die Produktionsgrenze S_P anzuheben, nachdem alle Produktrückflüsse aufgearbeitet sind. Die Aufarbeitung folgt dagegen wegen ihres Kostenvorteils einer Push-Strategie, das heißt, alle eintreffenden Produktrückflüsse werden in jeder Periode aufgearbeitet, sodass kein permanenter Altproduktbestand auftritt. Wenn allerdings aufgrund einer hohen Rückflussquote, die vor allem in späteren Phasen eines Produktlebenszyklus zu erwarten ist, im Zusammenhang mit der Stochastik von Rückflüssen und Nachfragen in einzelnen Perioden die Nachfrage- durch Rückflussmengen überschritten werden können, ist es sinnvoll, auch die Aufarbeitungsmenge nach oben zu beschränken, indem zusätzlich zur Produktionsgrenze S_P noch eine entsprechende *Recyclinggrenze*, im Weiteren mit S_R bezeichnet, in die Dispositionsregel eingefügt wird.

Die Altproduktdisposition orientiert sich dabei am Vergleich von Recyclinggrenze und dem oben charakterisierten disponiblen Fertigproduktbestand, der mit x_{Ft}^R bezeichnet werden soll, und versucht, diesen Zielbestand zu erreichen, soweit der Rückfluss an Altprodukten dies zulässt. Für die Neuproduktdisposition wird die Produktionsgrenze mit einem erweiterten disponiblen Bestand x_{Ft}^P verglichen, der zusätzlich zum Bestand aus x_{Ft}^R auch noch den für Aufarbeitung zur Verfügung stehenden Bestand an Altprodukten enthält. Bezeichnet man mit r_t die Recyclingmenge einer Periode t und führt die folgenden Bestandsgrößen ein

x_{Rt}: physischer Bestand an Altprodukten im Aufarbeitungslager

x_{Ft}^R: disponibler Fertigproduktbestand für Recyclingentscheidung (Nettobestand plus offene Produktions- und Aufarbeitungsaufträge)

x_{Ft}^P: disponibler Fertigproduktbestand für Produktionsentscheidungen (mit $x_{Ft}^P = x_{Ft}^R + x_{Rt}$),

so lässt sich die gegenüber Beziehung (1) erweiterte Dispositionsregel folgendermaßen formulieren:

$$(6) \quad \begin{aligned} r_t &= \min\left\{x_{Rt},\ \max\left\{S_R - x_{Ft}^R;\ 0\right\}\right\} \\ p_t &= \max\left\{S_P - x_{Ft}^P;\ 0\right\}. \end{aligned}$$

Dieses als (S_R, S_P)-Regel bezeichnete Dispositionsverfahren, nach dem auch die Aufarbeitungsentscheidung einer Pull-Strategie folgt, entspricht bei identischen Durchlaufzeiten für Produktion und Aufarbeitung genau der optimalen Form von Steuerungsstrategie, wie sie sich aus der Analyse der Rekursionsgleichungen des zugehörigen Problems der dynamischen Optimierung (siehe Anhang C.1) ableiten lässt.[22] Die Integration von Produktions- und Recyclingentscheidungen erfolgt in dieser einfach strukturierten Dispositionsregel einerseits über die Form der Kopplung beider Entscheidungen an die relevanten Bestandsvariablen x_{Ft}^R und x_{Ft}^P und zum anderen über die aufeinander abgestimmte Festlegung der Dispositionsparameter S_R und S_P, die beide die zeitliche Entwicklung des Fertigproduktbestands steuern. Hierbei wird die Aufarbeitungsgrenze S_R einen höheren Wert annehmen als die Produktionsgrenze im Fall ohne Rückflüsse, weil die mit Aufarbeitung verbundene Verminderung des Lagerbestands im Rückflusslager einen Teil des Lagerhaltungskosteneffekts im Fertigproduktlager kompensiert. Im Zusammenhang mit dieser zusätzlichen, höheren Absicherung von Nachfragerisiken durch Recyclingdisposition kann die Produktionsgrenze gegenüber dem Wert aus dem Fall ohne Aufarbeitung von Rückflüssen niedriger ausfallen. In welchem Ausmaß dies auftritt, hängt von der Wahrscheinlichkeitsverteilung der Rückflüsse und den Kosten im Aufarbeitungslager ab, für die folgende Parameter eingeführt werden:

μ_R: Erwartungswert der Periodenrückflüsse

σ_R: Standardabweichung der Periodenrückflüsse

h_R: Lagerhaltungskostensatz pro Mengeneinheit und Periode für Altprodukte.

Die entsprechenden Zusammenhänge sollen am folgenden **Beispiel 1** demonstriert werden. Unter der Annahme, dass die Periodennachfrage normalverteilt ist mit Mittelwert- bzw. Standardabweichung von $\mu_D = 100$ und $\sigma_D = 25$ sowie für Lagerhaltungs- und Fehlmengenkostensatz von $h_F = 1$ und $v_F = 9$ ergibt sich nach Formel (4) im Fall ohne Aufarbeitung als Produktionsgrenze ein Wert von $S_P = 355$ bzw. als Sicherheitsbestand $SB_P = 55$. Hierbei ist eine Produktionsdurchlaufzeit von 2 Perioden ($\lambda_P = 2$) unterstellt. Bei integrierter Disposition mit Altproduktaufarbeitung und identischer Durchlaufzeit für Recycling (d.h. $\lambda_R = 2$) erhält man bei gleichfalls normalverteiltem Rückflüssen mit $\mu_R = 70$ und $\sigma_R = 25$ (also einer Rückflussquote von 70 %) sowie bei einem Lagerkostensatz für Altprodukte in Höhe der Hälfte des Fertigproduktkostensatzes (d.h. für $h_R = 0{,}5$) eine optimale Recyclinggrenze von $S_R = 371$ und eine Produktionsgrenze von $S_P = 352$. Zieht man die erwartete Nachfrage im Risikozeitraum in Höhe von 300 ab, so erhält man die zugeordneten Sicherheitsbestände $SB_R = 71$ und $SB_P = 52$. Hierbei wird deutlich, dass sich bei integrierter Disposition die Produktions- und Aufarbeitungsentscheidungen an unterschiedlichen Sicherheitsbeständen zur Steuerung des Fertigproduktbestands orientieren.

Für die exakte Bestimmung der optimalen Dispositionsparameter S_R und S_P sind wesentlich aufwändigere Kalküle erforderlich, als es mit den Formeln in (2) bis (5) für die Parameterermittlung von S_P der Fall ist, weil nunmehr numerische Verfahren der stochastischen dynamischen Optimierung zum Einsatz kommen müssen.[23] Um zu praktikablen Verfahren der Parameterbestimmung zu kommen, sind einfachere Vorgehensweisen ohne komplexe Rechenoperationen wünschenswert. Der ausgereifteste Vorschlag hierzu stammt von *Kiesmüller/Minner* (2003) und basiert auf einer Adaption des in Abschnitt A vorgestellten Newsboy-Ansatzes. Die Grundidee beruht darauf, die Kosten für Unter- und Überbestand (c^- und c^+) durch Recycling- und Neuproduktionsentscheidungen jeweils problemadäquat zu formulieren, um auf dieser Basis für Aufarbeitung und Produktion spezifische α-Servicewerte (α_R und α_P) und daraus Dispositionsparameter analog zur Formel (2) zu berechnen.

Auf dieser Grundlage ergibt sich für die Aufarbeitungsentscheidung folgender Zusammenhang:

$$(7) \qquad \begin{aligned} c^- &= v_F + h_R \\ c^+ &= h_F - h_R \end{aligned} \qquad \Rightarrow \qquad \alpha_R = \frac{v_F + h_R}{v_F + h_F}$$

Der Kostensatz für Unterbestand (c^-) ergibt sich daraus, dass im Fall unzureichender Aufarbeitung neben den Fehlmengenkosten v_F für das Endprodukt noch die vermeidbaren Lagerkosten h_R aufgrund des unnötigerweise zu hohen Lagerbestands im Altproduktlager treten. Die Kosten des Überbestands (c^+) beinhalten den im Zusammenhang mit einer durch Aufarbeitung unnötig hohen Umschichtung des Lagerbestands vom Altprodukt- zum Endproduktlager sich ergebenden Nettoeffekts der Lagerhaltungskosten. Bezeichnet $F_{\lambda_R+1}(.)$ die Wahrscheinlichkeitsverteilung der Nachfrage im Risikozeitraum der Aufarbeitung von $\lambda_R + 1$ Perioden, so erhält man gemäß Beziehung (2) die Aufarbeitungsgrenze S_R als α_R-Quantil dieser Verteilung:

$$(8) \qquad S_R = F_{\lambda_R+1}^{-1}(\alpha_R)\,.$$

Bei normalverteilter Nachfrage ergibt sich daraus für Sicherheitsbestand SB_R und Aufarbeitungsgrenze S_R:

$$(9)\quad \begin{aligned} SB_R &= k(\alpha_R)\cdot\sigma_D\cdot\sqrt{\lambda_R+1} \\ S_R &= SB_R+(\lambda_R+1)\cdot\mu_D \end{aligned}$$

Für die Produktionsentscheidung sind andere Kosten für Unter- und Überbestand zu berücksichtigen, als dies in (7) der Fall ist:

$$(10)\quad \begin{aligned} c^- &= v_F \\ c^+ &= h_F+h_R\cdot\frac{F_{D-R}(0)}{1-F_{D-R}(0)} \end{aligned} \quad\Rightarrow\quad \alpha_P=\frac{v_F}{v_F+h_F+h_R\cdot\frac{F_{D-R}(0)}{1-F_{D-R}(0)}}$$

Die Unterbestandskosten (c^-) entsprechen einfach den Fehlmengenkosten wie im Fall ohne Aufarbeitung von Rückflüssen. Bei den Überbestandskosten (c^+) muss zusätzlich zum Lagerhaltungskostensatz im Fertigproduktlager (h_F) berücksichtigt werden, dass im Fall eines die Produktnachfrage übersteigenden Rückflusses ein zusätzlicher Bestandseffekt im Altproduktlager auftritt, weil durch die unnötig hohe Produktion ein Abfluss aus diesem Lager durch Aufarbeitung verhindert wird. Bezeichnet man mit $F_{D-R}(.)$ die Wahrscheinlichkeitsverteilung der Nettogröße aus Nachfrage und Rückfluss einer Periode, so beschreibt $F_{D-R}(0)$ gerade die Wahrscheinlichkeit für das Auftreten eines Rückflussüberschusses und $F_{D-R}(0)/(1-F_{D-R}(0))$ kann als Näherung für die durchschnittliche Dauer des Auftretens eines Rückflussüberschusses gesehen werden.[24] Damit erhält man für die Produktionsgrenze analog zu Formel (8)

$$(11)\quad S_P=F^{-1}_{\lambda_P+1}(\alpha_P)\,.$$

Unter der Normalverteilungsannahme lassen sich schließlich Sicherheitsbestand SB_P und Dispositionsparameter S_P für die Produktionsentscheidung folgendermaßen ermitteln:

$$(12)\quad \begin{aligned} SB_P &= k(\alpha_P)\cdot\sigma_D\cdot\sqrt{\lambda_P+1} \\ S_P &= SB_P+(\lambda_P+1)\cdot\mu_D\,. \end{aligned}$$

Bis auf die Änderung des Serviceparameters α_P, der gemäß (10) kleiner ist als nach (3), stimmt die Parameterfestlegung mit derjenigen im Fall ohne Rückflüsse überein.

III. Disposition bei Durchlaufzeitunterschieden

Eine unterschiedliche Dauer von Produktions- und Aufarbeitungszeit hat aus Dispositionssicht zur Folge, dass in jeder Periode die Entscheidungen über Neuproduktion und Aufarbeitung den Fertigproduktbestand unterschiedlicher zukünftiger Perioden unmittelbar beeinflussen, wodurch eine Abstimmung beider Entscheidungen komplizierter wird. Formal spiegelt sich dies darin wider, dass bei der Modellierung in Form eines stochastischen Dynamischen Optimierungsproblems als entscheidungsrelevante Informationen in jeder Periode die schon ausgelösten Recycling- bzw. Produktionsaufträge derjenigen Perioden einzeln berücksichtigt werden müssen, die sich auf sich nicht überschneidende Auftragsperioden der Vergangenheit beziehen (siehe Anhang C.2 und C.3). Nur die offenen Aufträge der Vergangenheit, die für Aufarbeitung und Produktion in denselben Perioden zu einem Bestandszugang führen, dürfen bei optimaler Steuerung pauschal in den disponiblen Fertigproduktbestand einbezogen werden. Damit ergibt sich nicht nur ein zusätzlicher Informationsbedarf für die Bestandsdisposition in jeder Periode, sondern es folgt daraus auch eine äußerst komplexe Struktur der optimalen Dispositionsregel, über die im Allgemeinen nichts weiter bekannt ist.

Um zu einem praktisch einsetzbaren Verfahren integrierter Disposition von Produktion und Recycling zu kommen, muss man sich auch im Fall unterschiedlicher Durchlaufzeiten auf einfache Dispositionsregeln beschränken. Der am meisten ausgereifte Vorschlag zu einer komplexitätsreduzierenden Disposition stammt von *Kiesmüller* (2003) und besteht in der Beibehaltung der einfachen zweiparametrigen (S_R, S_P)-Dispositionsregel aus (6), wobei allerdings die entscheidungsbezogenen disponiblen Bestände x^R_{Ft} und x^S_{Ft} je nach Durchlaufzeitunterschied fallspezifisch festzulegen sind. Darüber hinaus ist auch die Produktionsgrenze S_P fallspezifisch zu ermitteln. Hierbei ist zwischen dem Fall kürzerer Produktionsdurchlaufzeit ($\lambda_R > \lambda_P$) sowie kürzerer Aufarbeitungsdurchlaufzeit ($\lambda_R < \lambda_P$) zu unterscheiden.

Die Grundidee bei der adäquaten Festlegung des disponiblen Fertigproduktbestands besteht darin, je nach Dispositionsalternative (Neuproduktion, Aufarbeitung) außer den zu dieser spezifischen Alternative gehörenden offenen Aufträgen nur diejenigen offenen Aufträge der jeweils anderen Dispositionsalternative vollständig in den disponiblen Bestand aufzunehmen, die innerhalb der kürzeren der beiden Durchlaufzeiten dem Bestand zugehen. Offene Aufträge, die später bestandswirksam werden, werden in diesem Fall nicht berücksichtigt.

Damit erhält man bei *kürzerer Produktionsdurchlaufzeit* ($\lambda_R > \lambda_P$) folgende Festlegungen der dispositionsspezifischen disponiblen Bestände:

x^P_{Ft}: Nettobestand inklusive aller offenen Produktionsaufträge und inklusive der ($\lambda_R - \lambda_P - 1$) ältesten Aufarbeitungsaufträge

x^R_{Ft}: Nettobestand inklusive aller offenen Produktions- und Aufarbeitungsaufträge (einschließlich des aktuellen Produktionsauftrags).

Weil hier die zukünftige Bestandsanpassung über eine Produktionsentscheidung schneller erfolgen kann als über eine Aufarbeitung, ändert sich vor dem Hintergrund der Kostenüberlegenheit des Recyclings an den grundsätzlichen Überlegungen zur Bestimmung von spezifischen Kosten für Unter- und Überbestände aus dem Fall identischer Durchlaufzeiten nichts, sodass für die Festlegung der Dispositionsparameter S_R und S_P die Vorgehensweise aus den Formeln (7) bis (9) bzw. (10) bis (12) beibehalten werden kann.

Im Fall *kürzerer Aufarbeitungsdurchlaufzeit* ($\lambda_R < \lambda_P$) stellen sich die Festlegungen zum disponiblen Bestand wie folgt dar:

x^P_{Ft}: Nettobestand inklusive aller offen Produktions- und Aufarbeitungsaufträge

x^R_{Ft}: Nettobestand inklusive aller offen Aufarbeitungsaufträge sowie inklusive der ($\lambda_P - \lambda_R - 1$) ältesten offenen Produktionsaufträge.

An dem Kalkül zur Ermittlung der Aufarbeitungsgrenze S_R ändert sich nichts, während die Produktionsgrenze S_P in diesem Fall wegen geänderter Kosten- und Risikoeinflüsse anders festgelegt werden muss. Anders als in Formel (10) muss bei den Kosten für Überbestände berücksichtigt werden, dass (a) eine zusätzliche Fertigproduktlagerung aufgrund von Überproduktion nur auftritt, wenn dies durch eine zwischenzeitliche Aufarbeitungsentscheidung (im Zusammenhang mit dem Zeitvorteil der Aufarbeitung) wegen eines zu hohen Altproduktbestands (geschätzt mit der Wahrscheinlichkeit $F_{D-R}(0)$) nicht kompensiert werden kann und dass (b) die Überproduktion außer bei zukünftigen Rückflussüberschüssen wie in (10) auch aktuell eine Verringerung des Altproduktlagerbestands verhindert, was zu einer durchschnittlichen Dauer von $1/(1-F_{D-R}(0))$ für das Auftreten zusätzlicher Lagerhaltungskosten führt.[25] An der Kalkulation der Unterbestandskosten in Höhe von $c^- = v_F$ ändert sich dagegen nichts. Damit ergibt sich anders als in (10) folgender Zusammenhang für die Bestimmung von α_P:

$$(13) \qquad \alpha_P = \frac{v_F}{v_F + h_F \cdot F_{D-R}(0) + h_R \cdot \frac{1}{1-F_{D-R}(0)}} .$$

Für die Festlegung der Produktionsgrenze S_P muss weiter noch berücksichtigt werden, dass bis zum Wirksamwerden von Produktionsentscheidungen nach λ_P Perioden auch zukünftige Aufarbeitungsaufträge aus $\lambda_P - \lambda_R$ Perioden den Fertigproduktbestand am Ende der Periode $\lambda_P + 1$ erhöhen können. Um dies einzubeziehen, wird die Nachfrage über den gesamten Risikozeitraum von $\lambda_P + 1$ Perioden um die stochastischen Rückflüsse über $\lambda_P - \lambda_R$ Perioden reduziert. Beschreibt man die Wahrscheinlichkeitsverteilung dieser Nettonachfrage mit $F_{\Delta(\lambda_P,\lambda_R)}$, so erhält man zusammen mit α_P aus (13) eine modifizierte Bestimmung des Dispositionsparameters S_P:

$$(14) \qquad S_P = F^{-1}_{\Delta(\lambda_P,\lambda_R)}(\alpha_P) .$$

Bei Normalverteilungsannahme ergeben sich daraus folgende expliziten Bestimmungsgleichungen für die Produktionsgrenze S_P und den zugehörigen Sicherheitsbestand SB_P:

$$(15) \qquad \begin{aligned} SB_P &= k(\alpha_P) \cdot \sqrt{(\lambda_P + 1) \cdot \sigma_D^2 + (\lambda_P - \lambda_R) \cdot \sigma_R^2} \\ S_P &= SB_P + (\lambda_P + 1) \cdot \mu_D - (\lambda_P - \lambda_R) \cdot \mu_R . \end{aligned}$$

Wie durch numerische Untersuchungen in *Kiesmüller/Minner* (2003) nachgewiesen wurde, kommt die hier genutzte einfache Vorgehensweise der Parameterbestimmung sehr nahe an die (nur sehr aufwendig zu ermittelnden) optimalen Parameterwerte heran und führt zu Kostenabweichungen, die in allen untersuchten Konstellationen nicht über fünf Prozent hinausgingen. Damit kann dieses Bestimmungsverfahren als sehr gut geeignet für einen praktischen Einsatz angesehen werden.

D. Bestandsdispositionen bei internen Produktrückflüssen

I. Zusatzaspekte der Disposition bei internen Produktrückflüssen

Interne Produktrückflüsse sind auf Qualitätsmängel im regulären Fertigungsprozess zurückzuführen, die sich in dem hier betrachteten Reverse Logistics-System durch Prozesse der Nacharbeit wieder beseitigen lassen. Damit ist das Auftreten dieser Rückflüsse von Fehlprodukten ganz unmittelbar mit den Produktionsentscheidungen verknüpft, sodass eine integrierte Disposition von Neuproduktion und Recycling in Form von Nacharbeit in diesem Fall noch bedeutsamer, zugleich aber auch anspruchsvoller ist als bei externen Rückflüssen. Die Besonderheiten der Systemstruktur bei internen Rückflüssen sind der Abbildung 3 zu entnehmen, aus der die unmittelbare Verknüpfung zwischen Produktion und Produktrückfluss in Form von Fehlprodukten deutlich wird.

Eine zusätzliche Problemkomplexität besteht in diesem Zusammenhang darin, dass Qualitätsmängel in der Regel unvorhergesehen auftreten, wobei die beobachteten Produktrückflüsse nicht nur einfach zufallsabhängig sind, sondern in ihrer Stochastik von den vorausgegangenen Produktionsentscheidungen abhängen. Vor diesem Hintergrund einer stochastischen Produktionsausbeute besteht das Dispositionsproblem in jeder Periode darin, die Produktions- und Recyclingmengen so festzulegen, dass die stochastische Produktnachfrage möglichst kostengünstig abgedeckt wird, wobei vorausgesetzt wird, dass die Nacharbeit eines Erzeugnisses im Prinzip kostengünstiger ist als dessen Neuproduktion. Weiter wird zur Vereinfachung angenommen, dass sich Produktionsfehler durch Nacharbeit zu festen Kosten vollständig beheben lassen. Zum zufälligen Auftreten von Fehlern wird angenommen, dass die Fehlteile einen bestimmten Prozentsatz eines Fertigungsloses ausmachen, wobei dieser Fehlerprozentsatz eine stochastische Größe darstellt, die von der Größe des Produktionsloses unabhängig ist.[26] Unter stationären Planungsbedingungen spielen in einem solchen Reverse Logistics-System die Nacharbeits- und Neuproduktionskosten im Einzelnen für die Disposition keine Rolle. Allerdings kommt den Durchlaufzeiten von Produktion und Nacharbeit wiederum – wenn auch in anderer Form als bei externen Rückflüssen – eine besondere Rolle zu.

In der Literatur findet man Dispositionssysteme mit stochastischen Qualitätsmängeln und stochastischer Nachfrage nur für den Fall analysiert, dass die Fehlteile nicht wieder

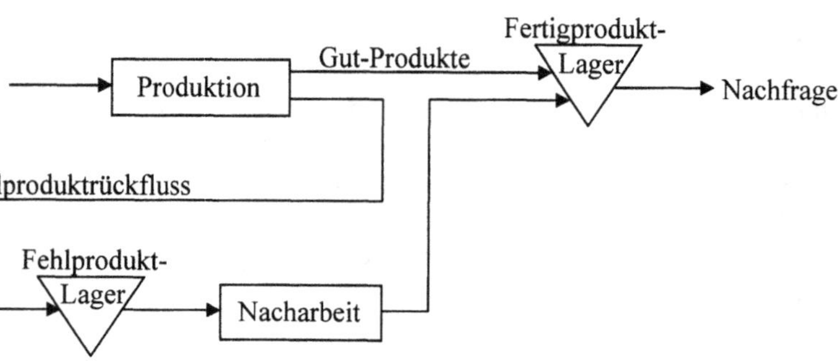

Abb. 3: Produktions-Recycling-System mit internen Rückflüssen

aufgearbeitet, sondern beseitigt werden, sodass sie im Prinzip durch Neuproduktion ersetzt werden müssen. In diesem Fall ist eine Dispositionsregel optimal, bei der oberhalb einer kritischen Bestandsgrenze (wie bei einer S-Regel) keine Produktion ausgelöst wird. Im Falle eines Unterschreitens des kritischen Bestands wird die Produktion so gesteuert, dass sie auf eine Produktionsgrenze S_P angehoben wird, die allerdings nicht konstant ist, sondern in komplexer Weise vom disponiblen Lagerbestand abhängt.[27] Im Rahmen der Anwendung einfacher heuristischer Vorgehensweisen wird für diesen Fall die Anwendung einer S-Regel vorgeschlagen, wobei die Produktionsmengen über ein Mehrverbrauchszuschlag proportional erhöht werden, um erwartete Ausbeuteverluste zu kompensieren.[28]

Bei kompletter Nacharbeit aller Fehlteile aus der Produktion ist eine solche Kompensation nicht notwendig. Eine einfache Dispositionsregel ist hier allerdings nur in dem Spezialfall optimal, der dadurch gekennzeichnet ist, dass die Durchlaufzeit für Nacharbeit so kurz ist, dass die nachgearbeitete Produktmenge praktisch zur selben Zeit zur Bedarfsdeckung zur Verfügung steht wie die Gutteile aus demselben Produktionsauftrag. In einem solchen Fall einer Recyclingdurchlaufzeit von Null ($\lambda_R = 0$) werden in Form einer Push-Strategie alle Fehlteile nachgearbeitet und das Dispositionsproblem vereinfacht sich de facto zu einem Problem ohne Produktrückflüsse, sodass hier die in Abschnitt B beschriebene Dispositionsregel mit einer einfachen Produktionsgrenze S_P Anwendung findet.

In allen anderen Fällen muss bei der Abstimmung von Produktions- und Recyclingentscheidung in jeder Periode darauf Rücksicht genommen werden, dass die einzelnen offenen Produktionsaufträge aus der Vergangenheit zu unsicheren Fertigproduktzugängen und stochastischen Rückflüssen von Fehlprodukten in der Zukunft führen. Sicher absehbar sind nur die Zugänge aus Fehlproduktrecycling, die je nach Durchlaufzeit für Nacharbeitsoperationen vor oder auch nach dem Lagerzugang durch Gutteile bei Neuproduktion auftreten können. Der Standardfall dürfte hierbei sein, dass die Nacharbeit weniger Zeit benötigt, als für die reguläre Produktion anzusetzen ist. Jede Neuproduktionsentscheidung hat zu zwei zukünftigen Zeitpunkten Einfluss auf die Bestandsänderung an Fertigprodukten, zum einen nach Ablauf der Produktionsdurchlaufzeit, wenn die fehlerfreien Neuprodukte den Lagerbestand ergänzen und zum anderen nach anschließender Recyclingdurchlaufzeit, wenn die fehlerhaften Erzeugnisse aus diesem Auftrag nach Durchlaufen der Nacharbeitsoperationen schließlich fehlerfrei sind. Dieser Sachverhalt führt dazu, dass die optimale Disposition einer äußerst komplexen Regel auf Basis einer Pull-Strategie folgen muss, die von einer Vielzahl von einzelnen Informationen über offene Produktions- und Recyclingaufträge abhängen kann. Dies wird auch deutlich, wenn man die zugehörigen Rekursionsbeziehungen der stochastischen Dynamischen Optimierung betrachtet (siehe Anhang D). Da über die Struktur der optimalen Dispositionsregel nichts bekannt ist und sie selbst bei Kenntnis wegen ihrer Komplexität für die praktische Anwendung uninteressant wäre, gilt es im Fall interner Produktrückflüsse erst recht, einfache Regeln zu finden, die trotz Komplexitätsreduktion noch eine hohe Lösungsgüte versprechen. Angesichts der Eignung einer einfachen (S_R, S_P)-Regel im Fall der Disposition bei externen Rückflüssen liegt es nahe, auch für den Fall interner Rückflüsse eine solche Dispositionsregel mit geeigneten Modifikationen anzuwenden.

II. Grundlagen einer einfachen Bestandsdispositionsregel

Die Anwendung einer (S_R, S_P)-Disposition nach der Regel aus (6) setzt zum einen voraus, dass für die Produktions- und Recyclingentscheidungen die disponiblen Lagerbestände sachgerecht festgelegt werden. Für die Produktionsentscheidung ist es z.B. sinnvoll, dass sich die Neuproduktion an den gesamten Beständen im System sowie an allen offenen Produktions- und Recyclingaufträgen ausrichtet, da diese Größe den zukünftigen Fertigproduktbestand im System widerspiegelt. Damit gilt:

x_{Ft}^P: Nettobestand an Fertigprodukten inklusive des Bestands an Fehlprodukten inklusive aller offenen Produktions- und Nacharbeitsaufträge.

Der relevante disponible Bestand für die Nacharbeitsentscheidung sollte nur diejenigen Lagerzugänge aus offenen Aufträgen umfassen, die innerhalb der Recyclingdurchlaufzeit den Fertigproduktbestand erhöhen. Weil die Zugänge aus Produktion allerdings zufallsabhängig sind, ist es zweckmäßig, im disponiblen Bestand nur deren Erwartungswerte zu berücksichtigen. Mögliche Abweichungen der Produktzugänge von ihren Erwartungswerten müssen im Rahmen der Festlegung von Sicherheitsbeständen berücksichtigt werden. Somit gilt für diesen disponiblen Bestand

x_{Ft}^R: Nettobestand an Fertigprodukten inklusive aller offenen Nacharbeitsaufträge inklusive der erwarteten Fertigproduktzugänge aus denjenigen offenen Produktionsaufträgen, die in den nächsten λ_R Perioden bestandswirksam werden.

Die zweite Aufgabe bei der Übertragung der (S_R, S_P)-Regel auf den Fall interner Rückflüsse besteht in der problemadäquaten Bestimmung der Dispositionsparameter S_R und S_P. Hierzu bietet es sich wieder an, auf die grundsätzliche Vorgehensweise der Newsboy-Lösung mit dispositionsspezifischen α-Quantilen einer relevanten Wahrscheinlichkeitsverteilung zurückzugreifen. Aufgrund der anderen Problemstruktur als im Fall externer Produktrückflüsse müssen hierbei allerdings für eine Umsetzung gänzlich andere Beziehungen berücksichtigt werden. Dies betrifft zum einen die stochastischen Einflüsse im Risikozeitraum, die sich nicht nur auf die Nachfrage, sondern auch auf die Abweichungen der tatsächlichen von der erwarteten Ausbeute aus offenen Produktionsaufträgen bezieht. Für die Recyclinggrenze S_R bedeutete dies, dass sie als α_R-Quantil einer Wahrscheinlichkeitsverteilung $G(.)$ zu bestimmen ist, die sich auf die kumulierte Nachfrage unter Einschluss der Abweichungen der tatsächlichen von den erwarteten Gutteilen aus der Produktion über den Risikozeitraum für Nacharbeit von $\lambda_R + 1$ Perioden ergibt:

$$(16) \quad S_R = G_{\lambda_R+1}^{-1}(\alpha_R) \,.$$

Der Serviceparameter für Nacharbeit α_R bestimmt sich hier nach denselben Überlegungen zu Unter- und Überbestandskosten wie im Fall der Aufarbeitung bei externen Rückflüssen nach Beziehung (7):

$$(17) \quad \alpha_R = \frac{v_F + h_R}{v_F + h_F} \,.$$

Der Serviceparameter α_P für Neuproduktion muss allerdings gänzlich anders festgelegt werden als bei fehlerfreier Produktion, wie dies im Fall externer Produktrückflüsse angenommen wurde. Zwar führt eine zu geringe Produktion auch hier zu marginalen Kosten des Unterbestands in Höhe von $c^- = v_F$, aber eine zu hohe Produktion ist mit anderen Auswirkungen verbunden. Sie beeinflusst die Lagerhaltungskosten zum einen nach Ablauf der Produktionsdurchlaufzeit entsprechend der Ausbeutequote sowohl im Fertigprodukt- als auch im Fehlteilelager und wirkt sich zum anderen nach anschließender Recyclingdurchlaufzeit nur noch auf die Fertigproduktlagerung aus. Beschreibt man die Wahrscheinlichkeitsverteilung der Produktionsausbeute Z (Anteil der Gutteile an der gesamten Produktionsmenge) mit den Parametern

μ_Z: Erwartungswert des Ausbeuteanteils Z
σ_Z: Standardabweichung des Ausbeuteanteils Z,

so ergeben sich damit erwartete marginale Überbestandskosten nach Produktionsdurchlaufzeit in Höhe von $\mu_Z \cdot h_F + (1 - \mu_Z) \cdot h_R$ bzw. nach Ablauf anschließender Nacharbeit in Höhe von h_F.

Gewichtet man die Relevanz der beiden Fälle, in denen Überbestandskosten wirksam werden können, mit dem erwarteten Anteil der Gut- bzw. Fehlteile, so erhält man als Unterbestandskosten

$$c^+ = \mu_Z \cdot \left[\mu_Z \cdot h_F + (1-\mu_Z) \cdot h_R\right] + (1-\mu_Z) \cdot h_F$$

und damit für den Serviceparameter α_P

$$(18) \quad \alpha_P = \frac{v_F}{v_F + \mu_Z\left[\mu_Z \cdot h_F + (1-\mu_Z) \cdot h_R + (1-\mu_Z) \cdot h_F\right]} .$$

Da der kritische Zeitraum für die Bestandswirksamkeit einer Produktionsentscheidung aufgrund möglicher Fehlteilerzeugung und deren Nacharbeit einerseits $\lambda_P + 1$ und andererseits $\lambda_P + \lambda_R + 1$ Perioden betragen kann, soll die Wahrscheinlichkeitsverteilung $G(.)$ für die kumulierte Nachfrage einschließlich der Ausbeuteabweichung auf beide Zeiträume bezogen werden und die Ermittlung der Produktionsgrenze S_P auf Basis einer mit μ_Z gewogenen Durchschnittsbildung erfolgen:

$$(19) \quad S_P = G^{-1}_{\mu_Z(\lambda_P, \lambda_R)}(\alpha_P) .$$

Hierbei steht $G_{\mu_Z(\lambda_P, \lambda_R)}(.)$ für die entsprechend gemischte Wahrscheinlichkeitsverteilung.[29]

III. Dispositionsparameter bei normalverteilter Nachfrage und Produktionsausbeute

Die allgemeinen Beziehungen zur Ermittlung der Dispositionsparameter in (16) und (19) können bei Vorliegen von Normalverteilungen für Nachfrage und Ausbeuteanteil weiter ausgewertet werden. In diesem Fall lassen sich Erwartungswert und Varianz des Lagerbestands am Ende des jeweiligen Risikozeitraums für Produktions- und Nacharbeitsentscheidung als Funktionen der Durchlaufzeiten und der Verteilungsparameter von Nachfrage und Produktionsausbeute darstellen. Aus diesen Größen können die für Produktion und Recycling relevanten Sicherheitsbestände und daraus wiederum die Dispositionsparameter selbst abgeleitet werden. Diese Zusammenhänge sollen hier nur für den Normalfall beschrieben werden, in dem die Durchlaufzeit für Nacharbeit die Produktionsdurchlaufzeit nicht überschreitet ($\lambda_R < \lambda_P$).[30]

Für die Recyclingentscheidung beträgt die relevante Varianz $\sigma^2_{\lambda_R+1}$ des Bestands am Ende des Risikozeitraums nach $\lambda_R + 1$ Perioden:

$$\sigma^2_{\lambda_R+1} = (\lambda_R + 1) \cdot \sigma_D^2 + \sigma_Z^2 \cdot \sum_{i=1}^{\lambda_R} p^2_{t-\lambda_P+i} .$$

Die gesamte Varianz setzt sich aus zwei Risikobeiträgen zusammen, die dafür verantwortlich sind, dass die Nachfrage am Ende des Risikozeitraums nicht exakt prognostizierbar und steuerbar ist. Der erste Term beschreibt die relevante Nachfragevarianz für diesen Zeitraum, während der zweite Term die Varianz der stochastischen Produktionsausbeute wiedergibt, in der sich neben der Varianz des Ausbeuteanteils die offenen Produktionsaufträge aus der Vergangenheit mit ihrem jeweiligen Produktionsvolumen niederschlagen. Hieraus ergibt sich unter Verwendung von α_R aus (17) als Sicherheitsbestand für die Recyclingentscheidung:

$$(20) \quad SB_R = k(\alpha_R) \cdot \sqrt{(\lambda_R + 1) \cdot \sigma_D^2 + \sigma_Z^2 \cdot \sum_{i=1}^{\lambda_R} p^2_{t-\lambda_P+i}}$$

sowie unter Berücksichtigung der erwarteten Nachfrage im Risikozeitraum als Recyclinggrenze

$$(21) \quad S_R = SB_R + (\lambda_R + 1) \cdot \mu_D .$$

Es ist deutlich erkennbar, dass die integrierte Recyclingentscheidung bei internen Rückflüssen nicht mit einem konstanten Sicherheitsbestand (und damit einer konstanten Recyclinggrenze) operieren darf, sondern dass sie die offenen Produktionsaufträge aus der Vergangenheit wegen ihres Einflusses auf das Bestandsrisiko mit zu berücksichtigen hat. Diese Form von dynamischer Veränderung des Dispositionsparameters, die auf die Berücksichtigung der Auswirkung vergangener Produktionsentscheidungen auf die Stochastik zukünftiger Produktzugänge zurückzuführen ist, stellt einen wichtigen Unterschied zur einfacheren statischen Vorgehensweise bei integrierter Disposition nach (S_R, S_P)-Regel im Fall externer Produktrückflüsse dar.

Für die Produktionsentscheidungen werden entsprechend den Überlegungen aus Abschnitt D.II. zwei Risikozeiträume mit zugehörigen Bestandsvarianzen an deren Ende betrachtet. Die Varianz des Lagerbestands nach Produktionsdurchlauf (d.h. nach einer Risikozeit von $\lambda_P + 1$ Perioden) beträgt:

$$\sigma^2_{\lambda_P+1} = (\lambda_P + 1) \cdot \sigma_D^2 + \sigma_Z^2 \cdot \sum_{i=1}^{\lambda_R} p_{t-i}^2 + \sigma_Z^2 \cdot D_{t-1}^2 \ .$$

Hierbei erklären sich die beiden ersten Risikoterme wie im Fall der Recyclingentscheidung. Der letzte Term approximiert den Varianzbeitrag der aktuellen Produktionsentscheidung, die aufgrund der Stochastik in der Produktionsausbeute ebenfalls zur Zufallsschwankung des Lagerbestands beiträgt.

Für die Varianz des Lagerbestands nach Ablauf von Produktions- und Nacharbeitszeit (d.h. nach einer Risikozeit von $\lambda_P + \lambda_R + 1$ Perioden) ergibt sich

$$\sigma^2_{\lambda_P+\lambda_R+1} = (\lambda_P + 1) \cdot \sigma_D^2 + \lambda_R \cdot \left[\sigma_Z^2 \cdot \mu_D^2 + \sigma_D^2 \cdot (1-\mu_Z)^2 + \sigma_Z^2 \cdot \sigma_D^2 \right] .$$

In dieser Varianz umfasst der zweite Term den gesamten Risikoeinfluss, der sich aus der Nachfrage und den Ausbeuteabweichungen der Produktion für λ_R zukünftige Perioden ergibt. Die offenen Produktionsaufträge aus der Vergangenheit sowie die aktuelle Produktionsentscheidung führen über die gesamte Zeitspanne von $\lambda_P + \lambda_R + 1$ Perioden wegen der sich an die Produktion anschließende Nacharbeit zu keinem weiteren Risikobeitrag.

Gewichtet man die beiden Varianzen $\sigma^2_{\lambda_P+1}$ und $\sigma^2_{\lambda_P+\lambda_R+1}$ mit dem erwarteten Ausbeuteanteil μ_Z bei kurzer und mit $(1 - \mu_Z)$ bei langer Risikozeit, so ergibt sich ein gewogener Risikoterm, der unter Einbeziehung von α_P aus (18) in üblicher Form in die Sicherheitsbestandsbildung aufgenommen wird:

$$(22) \quad SB_P = k(\alpha_P) \cdot \sqrt{\begin{aligned} &(\lambda_P + 1) \cdot \sigma_D^2 + \mu_Z \cdot \sigma_Z^2 \left(\sum_{i=1}^{\lambda_R - 1} p_{t-i}^2 + D_{t-1}^2 \right) + \\ &+ (1-\mu_Z) \cdot \left[\sigma_Z^2 \cdot \mu_D^2 + \sigma_D^2 \cdot (1-\mu_Z)^2 + \sigma_Z^2 \cdot \sigma_D^2 \right] \end{aligned}} \ .$$

Hieraus wird deutlich, dass auch für die Produktionsentscheidung ein dynamisch anzupassender Sicherheitsbestand gebildet werden muss. Unter Einbeziehung des erwarteten Zuflusses an Fertigprodukten aus den zukünftigen Produktionsaufträgen während des λ_R-Teils des gesamten Risikozeitraums ergibt sich damit als Produktionsgrenze

$$(23) \quad S_P = SB_P + \left[(\lambda_P + 1) + (1-\mu_Z)^2 \cdot \lambda_R \right] \cdot \mu_D + \mu_Z \cdot (1-\mu_Z) \cdot \left[\sum_{i=1}^{\lambda_R - 1} p_{t-i} + D_{t-1} \right] .$$

Die hier dargestellte Vorgehensweise zur Dispositionsparameterermittlung führt zu einfach auswertbaren formalen Zusammenhängen, die eingebettet in die Anwendung einer (S_R, S_P)-Regel das schwierige Problem der Abstimmung von Produktions- und Recyclingentscheidungen bei internen Rückflüssen aufgrund von Produktionsmängeln in leicht anwendbarer Form bewältigen helfen. Vergleiche mit einer (S_R, S_P)-Disposition im Rahmen von Simulationsuntersuchungen mit numerisch optimierten Dispositionsparametern haben gezeigt, dass die dargestellte Vorgehensweise der Parameterbestimmung nach Formel (21) und (23) zu Ergebnissen führt, die in dem hier behandelten Fall von kürzerer Recyclingdurchlaufzeit nur geringfügig vom Optimum abweichen.[31] Damit ist die Eignung dieser einfachen Form einer integrierten Disposition auch für den komplexen Problemzusammenhang im Fall interner Produktrückflüsse unterstrichen.

Zur Veranschaulichung der Ergebnisse im Fall interner Rückflüsse wird noch einmal auf das **Beispiel 1** aus Abschnitt C.II zurückgegriffen. Hieraus wird ein **Beispiel 2** entwickelt, indem an Stelle normalverteilter externer Produktrückflüsse von einem normalverteilten Ausbeuteanteil der Produktion mit $\mu_Z = 0{,}7$ und $\sigma_Z = 0{,}1$ ausgegangen wird. Wäre unter diesen Rahmenbedingungen die Durchlaufzeit für Nacharbeitung der fehlerhaften Teile vernachlässigbar kurz (d.h. $\lambda_R = 0$), so würden wie im Fall fehlerfreier Produktion (d.h. ohne Rückflüsse) ein Sicherheitsbestand von $SB_P = 55$ und eine Produktionsgrenze von $S_P = 355$ optimal sein. Alle fehlerhaften Produkte würden jeweils in voller Höhe recycelt werden. Bei einer Recyclingdurchlaufzeit von zwei Perioden ($\lambda_R = 2$) wird auch die Nacharbeit nach einer Pull-Strategie gesteuert. Unter der Annahme, dass die offenen Produktionsaufträge in ihrer Höhe der durchschnittlichen Periodennachfrage entsprechen, orientiert sich die Nacharbeitsentscheidung nach der (S_R, S_P)-Regel bei Optimierung der Dispositionsparameter an einem Sicherheitsbestand von $SB_R = 73$ bzw. einer Recyclinggrenze von $S_R = 373$. Für die Produktionsentscheidung steigt in diesem Fall der Sicherheitsbestand zur Kompensation des Ausbeuterisikos auf $SB_P = 58$ an. Die Produktionsgrenze wird dabei auf $S_P = 418$ festgelegt, wobei zu berücksichtigen ist, dass der disponible Bestand für die Produktionssteuerung das Gesamtvolumen der offenen Produktionsaufträge und – anders als für die Recyclingentscheidung – nicht nur die erwarteten Gutteile enthält.

E. Schlussfolgerungen

Aus den dargestellten Analysen zur Bestandsdisposition bei Integration von Produktions- und Recyclingentscheidungen unter Unsicherheit wird deutlich, dass es sich um eine äußerst komplexe Problematik handelt, für deren Lösung Abstriche an dem Wunsch nach optimaler Steuerung gemacht werden müssen, zumal die abgebildete Entscheidungssituation nur einen Ausschnitt aus dem Problemkontext mehrstufiger, mehrteiliger Materialdisposition widerspiegelt. Es zeigt sich, dass es nicht nur die Stochastik ist, die zur Komplexität der Dispositionsaufgabe beiträgt, sondern dass es insbesondere die Länge und die Unterschiedlichkeit der Durchlaufzeiten der relevanten Prozesse sind, die eine zeitliche und inhaltliche Abstimmung von Produktions- und Recyclingentscheidung so schwierig machen. Es wird ebenfalls deutlich, dass dies in sehr viel größerem Maße für die Abstimmung der Dispositionsaufgaben im Fall interner als im Fall externer Produktrückflüsse gilt. Die Darstellungen zeigen zugleich, dass sich die Bestände auch unter komplexen Rahmenbedingungen auf Basis aggregierter Informationen über Bestands- und Auftragsgrößen durch eine einfache Dispositionsregel vom (S_R, S_P)-Typ wirksam steuern lassen. Da dieser Dispositionstyp sich in speziellen Durchlaufzeitkonstellationen als optimal erweist, erscheint es sinnvoll, ihn auch für allgemeinere Fälle als heuristische Regel zu verwenden. Zu beachten ist dabei nur, dass die notwendige Informationsaggregation zur Bildung disponibler Lagerbestände je nach Rückflusstyp der Recyclinggüter und Durchlaufzeitsituation problemadäquat vorgenommen wird. Dabei muss die integrierte Disposition beim Recycling interner Rückflüsse auf Basis detaillierterer Information als im Fall externer Rückflüsse erfolgen. Im Rahmen der Anwendungen einer einfachen (S_R, S_P)-Dispositionsregel lassen sich auch auf Basis heuristischer Überlegungen praktikable Ansätze zur problemspezifischen Bestimmung der Dispositionsparameter entwickeln, die eine sehr gute Näherung an die optimalen Parameterwerte erlauben.

Von besonderem Interesse ist, dass im Rahmen der Parameterbestimmung zugleich einfache Regeln zur Festlegung von Sicherheitsbeständen abgeleitet werden, wobei es sich zeigt, dass für eine erfolgreiche Bestandsdisposition Produktions- und Recyclingentscheidungen auf unterschiedlich hohen Sicherheitsbeständen basieren müssen. Dies ist ein Ausdruck der Pull-Strategie für Produktion und Recycling, die umso entscheidender für eine optimale Steuerung wird, je höher der Anteil der Produktrückflüsse am Produktbedarf und je größer die Variablität dieser Rückflüsse ist. Eben diese Sicherheitsbestände können auch genutzt werden, um bei Einsatz bedarfsorientierter Materialdisposition auf theoretisch befriedigender Basis eine adäquate Absicherung gegen die relevanten Risiken zu bieten. Auf diese Weise können Analysen und Verfahren der stochastischen Disposition genutzt werden, um eine integrierte Disposition nach dem in die erweiterten PRPS-Systeme eingehenden MRP-Konzept durch eine wissenschaftlich fundierte Parameterwahl für Sicherheitsbestände zu unterstützen und damit für einen weiten Anbindungsbereich praktischer Probleme nutzbar zu machen. Hierbei ist allerdings darauf zu achten, dass die Abstimmung von Produktions- und Recyclingaufträgen in jeder Periode unter Nutzung unterschiedlicher Sicherheitsbestände vorgenommen wird, wie dies aus der Vorgehensweise bei stochastischer Disposition deutlich wird. Eine mögliche Umsetzung des Konzepts – auch unter Einschluss einer losweisen Bedarfszusammenfassung – lässt sich im Rahmen eines erweiterten MRP-Rechenschemas vornehmen.[32] Dort ist auch der Fall betrachtet, dass überschüssige Recyclinggüter beseitigt werden können. Die Einbeziehung einer solchen zusätzlichen Beseitigungsoption ist auch im Rahmen der stochastischen Disposition möglich und wird dort in der Regel durch einen zusätzlichen Dispositionsparameter berücksichtigt.[33] Geht man allerdings davon aus, dass die Rückflüsse die Bedarfe an Neuprodukten normalerweise nicht übersteigen und dass für die Materialdisposition nur solche Recyclingobjekte betrachtet werden, die sich qualitätsmäßig für ein kostenvorteilhaftes Recycling eignen, so spielt eine integrierte Beseitigungsplanung aus ökonomischen Gründen auch nur eine untergeordnete Rolle.[34] Die Beseitigung von Recyclinggütern ist dann eine Entscheidung auf einer der Materialdisposition vorgelagerten Stufe und wird wesentlich vom Zustand der Recyclinggüter bestimmt.

Die reine Kostenbetrachtung unter Einbeziehung von Fehlmengenkosten, wie sie dem vorgestellten Ansatz zu Grunde liegt, dürfte in vielen Fällen für eine praktische Umsetzung nicht adäquat sein, da in der Praxis eher Servicegradvorgaben zur Risikosteuerung herangezogen werden. Dies beschränkt allerdings den Einsatz der vorgestellten Dispositionsverfahren nicht, da lediglich anstelle der kostenorientierten Serviceparameter α_P und α_R vom Management vorzugebende Servicegrade angesetzt werden müssen, ohne dass die sonstige Vorgehensweise geändert zu werden braucht. Insbesondere können die für die Parameterermittlung abgeleiteten spezifischen Varianzterme weiterhin als Ausdruck für die Bestandsrisiken in die Kalküle übernommen werden. Bei dieser Vorgehensweise ist allerdings darauf zu achten, dass bei der Festlegung der Servicegrade die für Produktions- und Recyclingentscheidung spezifischen Kostenwirkungen implizit berücksichtigt werden.

Die Frage, wie stark der Einsatz der beschriebenen Dispositionsregeln mit fallspezifisch festgelegten Dispositionsparametern einer einfachen Vorgehensweise mit Recyclingsteuerung nach dem Push-Prinzip überlegen ist, kann an dieser Stelle nicht beantwortet werden. Es ist zu erwarten, dass die stochastische Dispositionsregel um so vorteilhafter ist, je höher das Verhältnis von Produktrückflüssen zu Produktnachfrage und je größer die Unsicherheit in Bezug auf diese Rückflüsse ist. Dies genauer zu evaluieren, wäre Aufgabe einer umfassenden numerischen Untersuchung. In einer solchen Untersuchung könnte auch der Frage nachgegangen werden, ob der Einsatz statischer an Stelle der schwierig anzuwendenden dynamischen Sicherheitsbestände im Fall interner Rückflüsse mit einer gravierenden Einbuße an Lösungsqualität verbunden wäre.

Anhang A: Notation

Zur Beschreibung der Rekursionsbeziehungen der Dynamischen Optimierung wird auf folgende Notation zurückgegriffen:

p_t: Produktionsauftragsmenge in Periode t
r_t: Recyclingauftragsmenge in Periode t
x_{Rt}: Bestand im Recyclinglager zu Beginn der Periode t
x_{Ft}: disponibler Fertigproduktbestand zu Beginn der Periode t
D_t: stochastische Nachfrage in Periode t
R_t: stochastischer Altproduktrückfluss in Periode t
Z_t: stochastische Produktionsausbeute in Periode t
λ_P: Produktionsdurchlaufzeit
λ_R: Recyclingdurchlaufzeit
v_F: Fehlmengenkostensatz für Fertigprodukte
h_F: Lagerhaltungskostensatz für Fertigprodukte
h_R: Lagerhaltungskostensatz für Recyclingprodukte

Zum Ablauf der Prozesse in der Zeit wird angenommen, dass die Produktions- und Recyclingauftragsmengen einer Periode t zu Beginn der Periode $t + \lambda_P$ bzw. $t + \lambda_R$ dem Fertigproduktlager zugehen und in den entsprechenden Lagerbestand zu Periodenbeginn eingerechnet werden.

Anhang B: Rekursionsbeziehungen im Problem ohne Produktrückflüsse

Bezeichnet man mit $f_t\ (x_{Ft})$ die minimalen erwarteten Kosten des Dispositionsproblems, das in Periode t beginnt und dabei mit einem Lagerbestand von x_{Ft} startet, so beschreiben die Rekursionsbeziehungen der stochastischen Dynamischen Optimierung den Zusammenhang zwischen den sog. Wertfunktionen f_t (.) und f_{t+1} (.) in zwei aufeinanderfolgenden Perioden. Hierbei gibt x_{Ft} als sogenannte Zustandsvariable die notwendige Information zur Optimierung in Periode t wieder. Zur Vereinfachung der Beschreibung wird im Folgenden bei allen Größen außer den Wertfunktionen der Zeitindex t weggelassen. Dann gilt für die allgemeinen Rekursionsbeziehungen:

$$f_t(x_F) = \min_{p} \left\{ L_{\lambda_P+1}(x_F+p) + \underset{D}{E}\left[f_{t+1}(x_F+p-D)\right] \right\}.$$

$\underset{D}{E}[.]$ bezeichnet hier die Erwartungswertbildung über die stochastische Größe D und $L_{\lambda_P+1}(.)$ ist der Ausdruck für die erwarteten Lagerhaltungs- und Fehlmengenkosten im Fertigproduktlager am Ende des Risikozeitraums von $\lambda_P + 1$ Perioden:

$$L_{\lambda_P+1}(x_F+p) = \underset{D^{\lambda_P+1}}{E}\left[h_F \cdot \max\left\{x_F+p-D^{\lambda_P+1};0\right\} + v_F \cdot \max\left\{D^{\lambda_P+1}-x_F-p;0\right\}\right].$$

D^{λ_P+1} steht hier für die kumulierte Nachfrage über $\lambda_P + 1$ Perioden.

Anhang C: Rekursionsbeziehungen im Problem mit externen Produktrückflüssen

Anhang C.I.: Rekursionsbeziehungen bei identischen Durchlaufzeiten ($\lambda_R = \lambda_P$)

Für $\lambda_R = \lambda_P$ sind mit den Lagerbeständen x_R und x_F zwei Zustandsvariablen zur Beschreibung der Wertfunktionen notwendig. Die Rekursionsbeziehungen lauten in diesem Fall:

$$f_t(x_R,x_F) = \min_{p,r} \left\{ I(x_R-r) + L_{\lambda_P+1}(x_F+p+r) + \underset{R,D}{E}\left[f_{t+1}(x_R-r+R, x_F+p+r-D)\right] \right\}.$$

Mit $I(x_R - r)$ werden hier die erwarteten Lagerhaltungskosten im Recyclinglager bezeichnet, für die im Zusammenhang mit dem stochastischen Periodenrückfluss R gilt:

$$I(x_R-r) = \underset{R}{E}\left[h_R \cdot (x_R-r+R)\right].$$

Anhang C.II.: Rekursionsbeziehungen für $\lambda_R > \lambda_P$

Für $\lambda_R > \lambda_P$ müssen die offenen Aufarbeitungsaufträge derjenigen Periode einzeln als Zustandsvariablen berücksichtigt werden, die erst nach der Zeitspanne der Produktionsdurchlaufzeit bestandswirksam werden. Im disponiblen Bestand x_F sind alle offenen Produktions- und Recyclingaufträge zusammengefasst, die sich auf die gemeinsame Zeitspanne der letzten λ_P Perioden beziehen. Damit lauten die Rekursionsbeziehungen:

$$f_t\left(x_R, x_F, r_{-1}, r_{-2}, \ldots, r_{-\lambda_R+\lambda_P+1}\right) = \min_{p,r} \left\{ I(x_R - r) + L_{\lambda_P+1}(x_F + p) + \right.$$

$$\left. + \underset{R,D}{E}\left[f_{t+1}\left(x_R - r + R,\; x_F + p + r_{-\lambda_R+\lambda_P+1} - D,\; r, r_{-1}, \ldots, r_{-\lambda_R+\lambda_P+2}\right)\right]\right\}.$$

Anhang C.III.: Rekursionsbeziehungen für $\lambda_R < \lambda_P$

Für $\lambda_R < \lambda_P$ müssen die offenen Produktionsaufträge derjenigen Periode einzeln als Zustandsvariablen berücksichtigt werden, die erst nach der Zeitspanne der Aufarbeitungsdurchlaufzeit bestandswirksam werden. Im disponiblen Bestand x_F sind alle offenen Produktions- und Recyclingaufträge zusammengefasst, die sich auf die gemeinsame Zeitspanne der letzten λ_R Perioden beziehen. Damit lauten die Rekursionsbeziehungen:

$$f_t\left(x_R, x_F, p_{-1}, p_{-2}, \ldots, p_{-\lambda_P+\lambda_R+1}\right) = \min_{p,r} \left\{ I(x_R - r) + L_{\lambda_R+1}(x_F + r) + \right.$$

$$\left. + \underset{R,D}{E}\left[f_{t+1}\left(x_R - r + R,\; x_F + p_{-\lambda_P+\lambda_R+1} + r - D,\; p, p_{-1}, \ldots, p_{-\lambda_P+\lambda_R+2}\right)\right]\right\}.$$

Anhang D: Rekursionsbeziehungen im Problem mit internen Produktrückflüssen

Anhang D.I.: Rekursionsbeziehungen für $0 < \lambda_R \leq \lambda_P$

Neben dem Fehlproduktbestand x_R und dem disponiblen Fertigproduktbestand x_F, zu dem hier neben dem Nettobestand (nur) die gesamten offenen Nacharbeitsaufträge gehören, sind die einzelnen offenen Produktionsaufträge der vergangenen Perioden als Zustandsvariablen zu berücksichtigen. Damit ergeben sich unter Berücksichtigung von Z_{-i} als stochastischer Produktionsausbeute aus dem Produktionsauftrag, der vor i Perioden aufgegebenen wurde, als Rekursionsbeziehungen:

$$f_t\left(x_R, x_F, p_{-1}, p_{-2}, \ldots, p_{-\lambda_P+1}\right) = \min_{p,r} \left\{ I(x_R - r) + \underset{\{Z_{-i}\}}{E}\left[L_{\lambda_R+1}(x_F + r + \sum_{i=\lambda_P-\lambda_R}^{\lambda_{P-1}} Z_{-i} \cdot p_{-i})\right] + \right.$$

$$\left. + \underset{Z,D}{E}\left[f_{t+1}\left(x_R - r + (1-Z)\cdot p_{-\lambda_P+1},\; x_F + r + Z \cdot p_{-\lambda_P+1} - D, p, p_{-1}, \ldots, p_{-\lambda_P+2}\right)\right]\right\}.$$

Anhang D.II.: Rekursionsbeziehungen für $\lambda_R > \lambda_P$

In diesem Fall umfasst der disponible Fertigproduktbestand nur die Nacharbeitungsaufträge der letzten λ_P Perioden. Neben offenen Produktionsaufträgen p_{-i} müssen auch offene Recyclingaufträge r_{-i} in den Rekursionsbeziehungen berücksichtigt werden:

$$f_t\left(x_R, x_F, p_{-1}, p_{-2}, \ldots, p_{-\lambda_P+1}, r_{-1}, r_{-2}, \ldots, r_{-\lambda_R+\lambda_P+2}\right) =$$

$$= \min_{p,r} \left\{ I(x_R - r) + \underset{\{Z_{-i}\}}{E}\left[L_{\lambda_P+1}(x_F + Z \cdot p + \sum_{i=1}^{\lambda_{P-1}} Z_{-i} \cdot p_{-i}) \right] + \right.$$

$$+ \underset{Z,D}{E}\left[f_{t+1}\left(x_R - r + (1-Z) \cdot p_{-\lambda_P+1},\ x_F + Z \cdot p_{-\lambda_P+1} + r_{-\lambda_R+1} - D,\right.\right.$$

$$\left.\left.\left. p, p_{-1}, \ldots, p_{-\lambda_P+2}, r, r_{-1}, \ldots, r_{-\lambda_R+\lambda_P+2}\right)\right]\right\}.$$

Anmerkungen

1 Zu unterschiedlichen Definitionen und Abgrenzungen von Reverse Logistics vgl. *de Brito/Dekker* (2004).
2 Diese Regulierungen reichen von allgemeinen Vorgaben wie der erweiterten Produktverantwortung von Herstellern nach dem deutschen Kreislaufwirtschafts- und Abfallgesetz bis zu spezifischen Vorschriften, wie sie in einzelnen Rechtsverordnungen (Altauto-Verordnung, Elektronikschrott-Verordnung u.a.) niedergelegt sind.
3 Vgl. hierzu *Corsten/Reiss* (1991); *Pfohl/Schäfer* (1997).
4 Siehe *Guide/van Wassenhove* (2001).
5 Vgl. *Guide* (2000).
6 Vgl. *Guide/van Wassenhove* (2003).
7 Siehe hierzu im Überblick *Dekker et al.* (2004) sowie auch *Flapper et al.* (2002) und *Spengler/Schröter* (2001).
8 Beispiele finden sich in *Inderfurth et. al.* (2004); *Rudolph* (1999); *Schultmann* (2003); *Spengler* (1998); *Spengler/Rentz* (1996).
9 Siehe z.B. *Bodington/Baker* (1990); *Jäger et al.* (1989); *Russel* (1971).
10 Siehe insbesondere *Corsten/Reiss* (1991).
11 Vgl. *Rautenstrauch* (1997); *Rudolph* (1999); *Schneider* (1999). Diese erweiterten PPS-Systeme sind insbesondere unter dem Namen PRPS-Systeme zur Produktions- und Recyclingplanung und -steuerung bekannt und lassen sich, wie in *Rautenstrauch* (1999) beschrieben, auch als Bestandteile betrieblicher Umweltinformationssysteme betrachten.
12 Siehe hierzu *Ferrer/Whybark* (2001); *Rautenstrauch* (1997).
13 Vgl. *Costen/Reiss* (1991); *Guide* (2000).
14 Siehe z.B. *Ferrer/Whybark* (2001); *Rautenstrauch* (1997), S. 159 ff..
15 Vgl. *Nahmias* (2001), S. 385.
16 Vgl. z.B. *Schulte*, S. 113 ff..
17 Siehe *Neumann* (1996), S. 62 ff..

18 Siehe *Inderfurth/Jensen* (2002).
19 Siehe *Neumann* (1996), S. 64.
20 Vgl. *Silver et al.* (1998), S. 385.
21 Siehe *Diks et al.* (1996); *van Houtum et al.* (1996).
22 Siehe *Inderfurth* (1997).
23 Vgl. *Kiesmüller/Scherer* (2003).
24 Siehe *Kiesmüller/Minner* (2003).
25 Zu Einzelheiten siehe *Kiesmüller/Minner* (2003).
26 Damit wird hier von dem Fall eines sog. stochastisch proportionalen Ausschusses ausgegangen. Hierzu und zu anderen Formen der Berücksichtigung stochastischen Auftretens von Fehlern siehe *Yano/Lee* (1995).
27 Siehe *Henig/Gerchak* (1990).
28 Siehe *Bollapragada/Morton* (1999); *Zipkin* (2000), S. 390ff.
29 Zu Einzelheiten siehe *Gotzel/Inderfurth* (2005).
30 Entsprechende Ergebnisse für den umgekehrten Fall ($\lambda_R > \lambda_P$) lassen sich analog ableiten und sind in *Gotzel/Inderfurth* (2005) beschrieben.
31 Siehe *Gotzel/Inderfurth* (2005).
32 Siehe *Inderfurth/Jensen* (1999); *Inderfurth et al.* (2004).
33 Vgl. *Inderfurth* (1997).
34 Vgl. *Teunter/Vlachos* (2002).

Literatur

Bodington, C.E.; Baker, T.E. (1990): A History of Mathematical Programming in the Petroleum Industry, in: *Interfaces*, 20, S 117–127.

Bollapragada, S.; Morton, T. (1999): Myopic Heuristics for the Random Yield Problem, in: *Operations Research*, 47, S. 713–722.

Corsten, H.; Reiss, M. (1991): Recycling in PPS-Systemen. in: *Die Betriebswirtschaft*, 51, S. 615–627.

de Brito, M.P.; Dekker, R. (2004): A Framework for Reverse Logistics, in: Dekker, R.; Fleischmann, M.; Inderfurth, K.; van Wassenhove, L.: *Reverse Logistics: Quantitative Models for Closed-Loop Supply Chains*, Berlin, Springer, S. 3–27.

Dekker, R.; Fleischmann, M.; Inderfurth, K.; van Wassenhove, L.N. (2004): *Reverse Logistics: Quantitative Models for Closed-Loop Supply Chains*, Berlin, Springer.

Diks, E.B.; de Kok; A.G., Lagodimos, A.G. (1996): Multi-echelon Systems: A Service Measure Perspective, in: *European Journal of Operations Research*, 95, S. 241–263.

Ferrer, G.; Whybark, D.C. (2001): Material Planning for a Remanufacturing Facility, in: *Production and Operations Management*, 10, S. 112–124.

Flapper, S.D.P.; Fransoo, J.C; Broekmeulen, R.A.C.M.; Inderfurth, K. (2002): Planning and Control of Rework in the Process Industries: A Review, in: *Production Planning and Control*, 13, S. 26–34.

Gotzel, Ch.; Inderfurth, K. (2005): Approximate Policies for Hybrid Production and Rework Systems with Stochastic Demand and Yield, in: Fleuren, H.; den Hertog, D.; Kort, P.: *Operations Research Proceedings 2004*, Berlin, Springer, S. 41–49.

Guide Jr., V.D.R. (2000): Production Planning and Control for Remanufacturing : Industry Practices and Research Needs, in: *Journal of Operations Management*, 18, S. 467–483.

Guide Jr., V.D.R., van Wassenhove, L.N. (2001): Managing Product Returns for Remanufacturing, in: *Production and Operations Management*, 10, S. 142–155.

Guide Jr., V.D.R., van Wassenhove, L.N. (2003): *Business Aspects of Closed-Loop Supply Chains*, Volume 2 of Carnegie Bosch Institute International Management Series, Pittsburgh, Carnegie Mellon University Press, S. 17–42.

Henig, M.;Gerchak, Y. (1990): The Structure of Periodic Review Policies in the Presence of Random Yield, in: *Operations Research*, 38, S. 634–643.

Inderfurth, K. (1997): Simple Optimal Replenishment and Disposal Policies for a Product Recovery System with Leadtimes, in: *OR Spektrum*, 19, S. 111–122.

Inderfurth, K.; Jensen, T. (1999): Analysis of MRP Policies with Recovery Options, in: Leopold-Wildburger, U.; Feichtinger, G.; Kistner, K.P.: *Modelling and Decisions in Economics*, Heidelberg, Springer, S. 189–228.

Inderfurth, K.; Jensen, T. (2002): Lagerbestandsmanagement, in: Arnold, D.; Isermann, H.; Kuhn, A.; Tempelmeier, H.: *Handbuch Logistik*, Berlin, Springer, S. A3/62–A3/77.

Inderfurth, K.; Flapper, S.D.P.; Lambert, A.J.D.; Pappis, C.P., Voutsinas, T.G. (2004): Production Planning for Product Recovery Management, in: Dekker, R.; Fleischmann, M.; Inderfurth, K.; van Wassenhove, L.N.: *Reverse Logistics: Quantitative Models for Closed-Loop Supply Chains*, Berlin, Springer, S. 249–274.

Jäger, K.; Peemöller, W.; Rohde, M. (1989): A Decision Support System for Planning Chemical Production of Active Ingredients in a Pharmaceutical Company, in: Grubbström, R.W.; Hinterhuber, H.H.: *Production Economics: State-of-the-art and Perspective*, Amsterdam, S. 377–387.

Kiesmüller, G.P. (2003): A New Approach for Controlling a Hybrid Stochastic Manufacturing/Remanufacturing System with Inventories and Different Leadtimes, in: *European Journal of Operations Research*, 147, S. 62–71.

Kiesmüller, G.P.; Minner, S. (2003): Simple Expressions for Finding Recovery System Inventory Control Parameters, in: *Journal of the Operational Research Society*, 54, S. 83–88.

Kiesmüller, G.P.; Scherer, C.W. (2003): Computational Issues in a Stochastic Finite Horizon one Product Recovery Inventory Model, in: *European Journal of Operations Research*, 146, S. 553–579.

Nahmias, S. (2001): *Production and Operations Analysis*, Chicago, Irwin, 4. Auflage.

Neumann, K. (1996): *Produktions- und Operations Management*, Berlin, Springer.

Pfohl, H.C.; Schäfer, C. (1997): Management geschlossener Kreisläufe, in: Steger, U.: *Handbuch des integrierten Umweltmanagements*, München, Wien, S. 255–285.

Rautenstrauch, C. (1997): *Fachkonzept für ein integriertes Produktions-, Recyclingplanungs- und Steuerungssystem (PRPS-System)*, Berlin, Springer.

Rautenstrauch, C. (1999): *Betriebliche Umweltinformationssysteme*, Berlin, Springer.

Rudolph, A. (1999): *Altproduktentsorgung aus betriebswirtschaftlicher Sicht*, Heidelberg, Physica.

Russel, C.S. (1971): Models for Investigation of Industrial Response to Residuals Management Actions, in: *Swedish Journal of Economics*, 73, S. 134–156.

Schneider, B. (1999): *Recycling-Informationssysteme: Integration von Produktion und Recycling*, Wiesbaden, Gabler.

Schulte, Ch. (1999): *Logistik*, München, Vahlen, 3. Auflage.

Schultmann, F. (2003): *Stoffstrombasiertes Produktionsmanagement: Betriebswirtschaftliche Planung und Steuerung industrieller Kreislaufwirtschaftssysteme*, Berlin, Erich Schmidt.

Silver, E.A.; Pyke, D.F.; Peterson, R. (1998): *Inventory Management and Production Planning and Scheduling*, New York, John Wiley & Sons, 3. Auflage.

Spengler, T.; Rentz, O. (1996): Betriebswirtschaftliche Planungsmodelle zur Demontage und zum Recycling komplexer zusammengesetzter Produkte, in: *Zeitschrift für Betriebswirtschaft*, Ergänzungsheft 2, S. 79–96.

Spengler, T. (1998): *Industrielles Stromstoffmanagement, Betriebswirtschaftliche Planung und Steuerung von Stoff- und Energieströmen in Produktionsunternehmen*, Berlin, Erich-Schmidt-Verlag.

Spengler, T., Schröter, M. (2001): Einsatz von Operations Research im produktbezogenen Umweltschutz – Stand und Perspektiven, in: *Betriebswirtschaftliche Forschung und Praxis*, 53, S. 227–244.

Teunter, R.; Vlachos, D. (2002): On the Necessity of a Disposal Option for Returned Items that can be Remanufactured, in: *International Journal of Production Economics*, 75, S. 257–266.

van Houtum, G.J.; Inderfurth, K.; Zijm, W.H.M. (1996): Materials Coordination in Stochastic Multi-echelon Systems, in: *European Journal of Operations Research*, 95, S. 1–23.

Yano, C.A., Lee, H.L. (1995): Lot Sizing with Random Yields: A Review, in: *Operations Research*, 43, S. 311–334.

Zipkin, P.H. (2000): *Foundations of Inventory Management*, Boston, McGraw Hill.

Zusammenfassung

Produktrecycling bringt im Fall der Verknüpfung mit regulärer Produktion zusätzliche Koordinationsaufgaben für die Produktionsplanung und -steuerung in einem Unternehmen mit sich. Das zu beobachtende hohe Maß an Unsicherheit beim Anfall von Recyclingobjekten verstärkt die Komplexität dieser Aufgaben. Dies trifft sowohl bei externen Rückflüssen von Recyclinggütern in Form von Altprodukten als auch bei internen Rückflüssen in Form von fehlerhaften Produkten oder Nebenausbringungen aus Produktionsprozessen zu. In der vorliegenden Arbeit wird untersucht, wie unter derartigen stochastischen Bedingungen, die auch Unsicherheiten auf der Bedarfsseite einschließen können, eine Bestandsdisposition aussehen müsste, durch die Produktions- und Recyclingentscheidungen optimal aufeinander abgestimmt werden. Für den praktischen Einsatz wird eine einfach anzuwendende Dispositionsregel vorgeschlagen, deren Parameter auf der Grundlage heuristischer Überlegungen mit wenig Aufwand nahezu optimal festgelegt werden können. Es wird gezeigt, wie das Design der Dispositionsregel und die Bestimmung der Dispositionsparameter an den Fall externer bzw. interner Produktrückflüsse jeweils spezifisch angepasst werden müssen.

Summary

Production planning and control becomes more challenging when regular production is combined with remanufacturing or rework activities within a company. An additional complicating factor is given by the high degree of uncertainty observed for return flows of both used products coming from outside customers and defective products occurring in inside manufacturing processes. The paper investigates how under these stochastic conditions, also including demand uncertainty, optimal inventory control can be performed in order to coordinate production and remanufacturing/rework decisions. For practical application a simple control rule is presented, and a sound procedure for calculating effective control parameters is developed, based on sophisticated heuristic considerations. It is shown how both the control rule and the determination of control parameters has to be adapted appropriately to the cases of remanufacturing external and reworking internal returns.

JEL: C61, M11

Kreislauf-Logistik mit Losgrößenrestriktionen

Von Knut Richter und Barbara Gobsch

Überblick

- Im Rahmen der Themen „Reverse Logistics“ und „Kreislauf-Logistik“ oder „Closed-Loop Logistics“ sind in den letzten Jahren mehrere Publikationen zu dynamischen Losgrößen-Modellen vorgelegt worden, in denen die klassischen Ansätze verallgemeinert werden.
- In der Planungspraxis wird jedoch oft die Vorgabe von Mindestmengen der Ermittlung optimaler Losgrößen auf der Grundlage der Minimierung der Summe von Rüst- und Lagerhaltungskosten vorgezogen.
- Es wird hier deshalb ein solches dynamisches Modell der Kreislauflogistik entwickelt, in dem logische Bedingungen die Einhaltung von gemeinsamen Mindestmengen für die Neuproduktion und die Aufarbeitung garantieren.
- Zur Lösung einiger wichtiger Spezialfälle des Modells wird ein effektiv arbeitendes hybrides Verfahren aus dynamischer Optimierung und kombinatorischer Analyse vorgestellt.

Eingegangen: 28. Januar 2005

Prof. Dr. Knut Richter ist Inhaber des Lehrstuhls für Allgemeine Betriebswirtschaftslehre, insbesondere Industriebetriebslehre, an der Europa-Universität Viadrina Frankfurt (Oder). Seine bevorzugten Arbeitsgebiete sind Logistik, Operations Research, Umweltmanagement und Betriebswirtschaft in Transformationsländern.
Frau Dipl.-Kffr. Barbara Gobsch ist Wissenschaftliche Mitarbeiterin am gleichen Lehrstuhl. Ihre bevorzugten Arbeitsgebiete sind Reverse Logistics, Entsorgungslogistik und Betriebswirtschaft in Transformationsländern.

ZfB
ZEITSCHRIFT FÜR BETRIEBSWIRTSCHAFT

A. Problemstellung

In den letzten zehn Jahren wurden viele Untersuchungen zum Problemkreis der Reverse Logistics und der Kreislauf-Logistik publiziert und recht umfassend dargestellt, wie etwa in Dyckhoff et al. (2003), Dekker et al. (2003) sowie Guide/van Wassenhove (2004). Das Kreislaufmanagement insgesamt thematisiert u. a. Kirchgeorg (1999). Dabei wird unter Kreislauf-Logistik bzw. Closed-Loop Logistics das integrierte Management abwärts und aufwärts gerichteter Materialflüsse verstanden. Zu den Problemen einer effektiven Gestaltung der Lieferkette bei traditioneller Logistik treten nunmehr Fragen hinzu, die durch zwei weitere Managementaufgaben verursacht werden. Zum einen zwingen ökologische und wirtschaftliche Argumente sowie rechtliche Rahmenbedingungen die Produzenten zur Verwertung bzw. Beseitigung von Rückständen am Ende des Lebenszyklus und damit zur Organisation von Rückkehrprozessen für ihre Produkte. Zum anderen müssen die Produzenten und Händler zunehmend Prozesse gestalten, die sich aus der Rückgabe von Gütern vor Vollendung ihrer Lebensdauer aufgrund von Beanstandungen, Rückgabefristen u. a. ergeben.

In den letzten fünf Jahren sind auch mehrere Aufsätze erschienen, in denen statische und dynamische Losgrößen-Modelle der Kreislauf-Logistik entwickelt wurden. In diesen Modellen werden für gegebene Bedarfe und Rückkehrmengen solche Produktions-, Aufarbeitungs- und Beseitigungsmengen bestimmt, die auf die Minimierung aller relevanten Rüst-, Lagerhaltungs- und Beseitigungskosten abzielen. Von den Arbeiten zu statischen Modellen sei hier nur der resümierende Beitrag von Minner/Lindner (2003) genannt. Dynamische Probleme wurden in letzter Zeit von Richter et al. (2000), (2001), Golany et al. (2001) sowie Beltrán/Krass (2002) behandelt. Nach unserer Kenntnis wird in den ersten beiden Aufsätzen das dynamische Losgrößenproblem für die Kreislauf-Logistik erstmals formuliert und für zwei Spezialfälle gelöst. So werden zum einen Probleme untersucht, in denen Rückkehrprodukte nur in der ersten Periode auftreten. Zum anderen wird dargestellt, wie zusätzliche variable Produktionskosten die Modelle erweitern. Golany et al. (2001) greifen diese Probleme auf und weisen deren *NP*-Schwierigkeit[1] nach. Beltrán/Krass (2002) analysieren diesen Modelltyp unter der Annahme, dass das Aufkommen an Rückkehrprodukten nur vom Bedarf abzuziehen ist und somit dynamische Modelle mit positiven und auch negativen Bedarfsgrößen entstehen. Die dynamischen Probleme sind insgesamt recht kompliziert und der Prozess der Entwicklung effektiver Lösungsmethoden ist deshalb bis jetzt noch nicht abgeschlossen.

Oft spezifizieren Unternehmen jedoch nicht die Rüstkosten, sondern geben Mindestlosgrößen vor, die bei der Planung der abwärts und aufwärts gerichteten Materialflüsse einzuhalten sind (vgl. Richter et al. (1988), S. 134–147). In diesem Falle sind in den Modellen „nur noch" die Lagerhaltungs- und Beseitigungskosten zu minimieren, während die Rüstkosten bereits bei der Bestimmung der Mindestlosgrößen berücksichtigt wurden. Nachfolgend soll dieser Umstand (wobei die Beseitigung von Rückkehrprodukten und damit Beseitigungskosten in dieser Untersuchung nicht betrachtet werden) im Abschnitt B modelliert und näher untersucht werden. Dazu wird ein allgemeines dynamisches Modell der Kreislauf-Logistik mit Losgrößenrestriktionen entwickelt. Diese Restriktionen sehen vor, dass die Anzahl der durch Aufarbeitung und Produktion hergestellten Produkte in jeder Periode entweder gleich null ist oder gleich oder größer einer vorgegebenen Mindestlosgröße, wobei gleichzeitig eine maximale Losgröße nicht überschritten werden darf. Aufgrund der Vielzahl der Parameter des Modells ist eine Klassifizierung der relevanten Spezialfälle zweckmäßig. Ein entsprechendes Klassifikationsschema wird in diesem Abschnitt vorgestellt. Im Abschnitt C werden Lösungsvarianten für verschiedene Spezialfälle dargestellt und illustriert. Dazu gehören u. a. die Fälle, dass keine bindenden Kapazitätsschranken vorliegen und die Mindestlosgrößen konstant sind, wie auch die dynamischen Modelle der Vorwärtslogistik und der Rückkehrlogistik. Letztere ergeben sich, wenn nur die vom Produzenten zum Kunden bzw. nur die vom Kunden zum Produzenten fließenden Materialflüsse betrachtet werden.[2] Es ist bemerkenswert, dass die beiden Modelle der Vorwärtslogistik und der Rückkehrlogistik symmetrisch zueinander sind. Deshalb kann jede für eines dieser Modelle entwickelte Methode auch zur Lösung des anderen Problems eingesetzt werden. Der Lösungsansatz für das hier formulierte allgemeine Modell, das voraussetzt, dass die Zahl der Rückkehrprodukte beschränkt ist, realisiert ein effektives hybrides Verfahren, bei dem das Prinzip der dynamischen Optimierung mit kombinatorischer Analyse verbunden wird. Im letzten Abschnitt D wird gezeigt, dass auch das allgemeine Problem der Kreislauflogistik *NP*-schwierig ist. Golany et al. (2001) bewiesen schon für den Fall der Minimierung von Rüst- und Lagerhaltungskosten ohne Kapazitätsbeschränkungen die *NP*-Schwierigkeit. Bei diesem Modell verlangt der augenblickliche Nachweis der *NP*-Schwierigkeit das Vorhandensein von Kapazitätsrestriktionen. Ob damit das hier betrachtete Modell als „gleich schwierig" wie das Modell mit Rüstkosten angesehen werden kann, müssen weitere Untersuchungen zeigen.

B. Das Grundproblem der Kreislauf-Logistik mit Losgrößenrestriktionen

I. Problemformulierung

Es wird der Prozess der Herstellung eines Endprodukts über mehrere Perioden eines Planungszeitraums in einem Unternehmen betrachtet. Die Herstellung erfolgt im Verlaufe der Periode entsprechend dem am Ende jeder Periode auftretenden bekannten internen oder externen Bedarf, wobei u. U. durch Zusammenfassung der Bedarfe mehrerer Perioden Vorräte aufgebaut werden und Lagerhaltungskosten entstehen. Die Endprodukte können mit derselben Technologie aus unterschiedlichen Ausgangsmaterialien hergestellt werden. Zum einem entstehen die Produkte mit der vorhandenen Technologie als originäre Neuprodukte und werden an nachfolgende Abeilungen des Unternehmens, Supply Chain-Partner oder den anonymen Markt geliefert[3]. Zum anderen wird vorausgesetzt, dass ein Teil der Produkte (im Weiteren Rückkehrprodukte genannt) von den Abteilungen des Unternehmens, den SC-Partnern oder auch vom anonymen Markt zu Beginn der Perioden in das Unternehmen zurückkehren bzw. zurückgeholt werden. Durch Aufarbeitung mit der gleichen Technologie wird ihr Wert auf den der Neuprodukte (im Weiteren sekundäre Neuprodukte genannt) angehoben, sodass sie anstelle der originären Neuprodukte ausgeliefert werden können[4]. Es wird in diesem Aufsatz vorausgesetzt, dass keine Rückkehrprodukte beseitigt werden. In einer Periode sind jedoch sowohl Produktions- als auch Aufarbeitungsaktivitäten möglich und die dadurch hergestellte Zahl an Endprodukten bildet

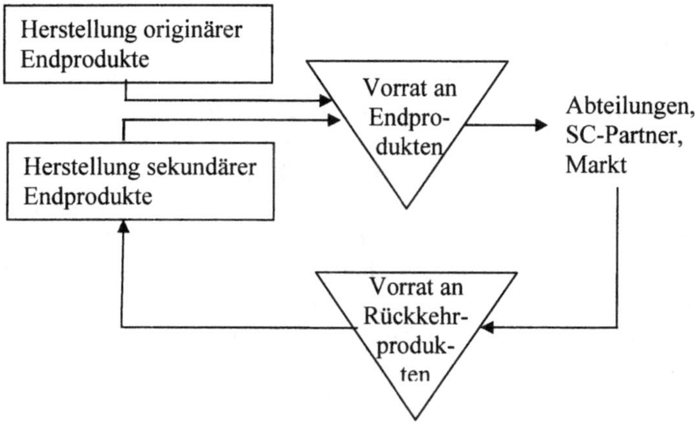

Abb. 1: Das Grundproblem der Kreislauf-Logistik

die hier betrachtete Losgröße. Durch den ständigen Zustrom der Rückkehrprodukte werden ebenfalls Vorräte gebildet, die durch Aufarbeitung von Zeit zu Zeit abgebaut werden (vgl. Abb. 1).

Das quantitative Verhältnis der Bedarfs- und Rückkehrströme bestimmt offensichtlich, wie viele originäre bzw. sekundäre Neuprodukte hergestellt werden müssen. Offen ist jedoch, welche Losgrößen dafür optimal sind. In den bisher in der Literatur dargestellten Modellen bedeutet dabei Optimalität ein Minimum an Rüst- und Lagerhaltungskosten. In diesem Beitrag wird jedoch vorausgesetzt, dass im Unternehmen keine Rüstkosten bewertet werden, sondern Mindestlosgrößen und minimale Lagerhaltungskosten wirtschaftliches Handeln garantieren sollen. Innerhalb einer Periode können Rückkehrprodukte auch ohne Zwischenlagerung sofort aufgearbeitet werden. Die Vorräte werden erst am Ende jeder Periode erfasst und einer Bewertung unterzogen. Damit können zum Beispiel Rückkehrprodukte, die zu Beginn einer Periode eintreffen, ohne Lagerung aufgearbeitet werden und am Ende der Periode der Bedarfsbefriedigung dienen bzw. einen Vorrat an Endprodukten bilden.

II. Grundmodell der Kreislauf-Logistik

1. Modelldarstellung

Im Weiteren werden die folgenden Symbole zur Modellbildung verwendet:

Konstanten:

T Planungszeitraum aus T Perioden

d_t Anzahl/Menge der Rückkehrprodukte (Rückkehrvolumen) in der t-ten Periode sowie $d_{i-1,t} = \sum_{j=i}^{t} d_j$, $d_{j,j} = 0$

D_t Bedarf (Anzahl/Menge) am Endprodukt in der t-ten Periode sowie

$$D_{i-1,t} = \sum_{j=i}^{t} D_j \,,\; D_{j,j} = 0$$

h_t Lagerhaltungskosten pro Einheit Rückkehrprodukt am Ende der t-ten Periode

H_t Lagerhaltungskosten pro Einheit Endprodukt am Ende der t-ten Periode

m_t Mindestlosgröße für die Aufarbeitung von Rückkehrprodukten und die Herstellung originärer Neuprodukte der t-ten Periode

M_t Maximale Losgröße für die Aufarbeitung von Rückkehrprodukten und die Herstellung originärer Neuprodukte der t-ten Periode

Variablen:

y_t Vorrat an Rückkehrprodukten am Ende der t-ten Periode

I_t Vorrat an Endprodukten am Ende der t-ten Periode

x_t Menge der aufgearbeiteten Rückkehrprodukte (sekundäre Endprodukte) in der t-ten Periode

z_t Menge der produzierten originären Endprodukte in der t-ten Periode,

Δ_t Gesamtmenge der aufgearbeiteten Rückkehrprodukte und produzierten originären Endprodukte in der t-ten Periode, d. h. $\Delta_t = x_t + z_t$, und $\Delta_{i-1,t} = \sum_{j=i}^{t} \Delta_j$.

Es wird nun das folgende Modell formuliert:

Die Vorräte an Endprodukten zu Beginn und am Ende des Planungszeitraums und die Vorräte an Rückkehrprodukten zu Beginn sind gleich null, d. h.

(1) $I_0 = I_T = 0$ und $y_0 = 0$.

Ist der Anfangsbestand an Endprodukten größer als null, so kann er von den Bedarfswerten der ersten Perioden abgezogen werden. Soll der Bestand am Ende größer als null sein, so wird er zum Bedarf der letzten Periode hinzugefügt. Ist der Bestand an Rückkehrprodukten zu Beginn des Planungszeitraums größer als null, wird er zu d_1 hinzuaddiert. $y_T = 0$ wird nicht gefordert, da eine solche Bedingung in vielen Fällen zur Unlösbarkeit führt.

Der Vorrat an Rückkehrprodukten ändert sich im Zeitablauf wie folgt:

(2) $y_t = y_{t-1} - x_t + d_t,\; y_t \geq 0,\; t = 1,2,\dots,T$.

Die Endprodukte entstehen durch Neuproduktion und durch Aufarbeitung, deshalb beeinflussen beide Aktivitäten die Vorratsentwicklung:

(3) $I_t = I_{t-1} + x_t + z_t - D_t, I_t \geq 0,\; t = 1,2,\dots,T$.

Aufgrund der vorgegebenen Mindestlosgrößen ist die Summe der aufzuarbeitenden und der zu produzierenden Mengen entweder gleich null oder gleich oder größer als m_t, jedoch nicht größer als die maximale Losgröße. Dieser Sachverhalt lässt sich mit

(4) $x_t + z_t \in \{0\} \cup [m_t, M_t],\ x_t \geq 0,\ z_t \geq 0,\ t = 1,2,...,T,$

modellieren[5]. Die Minimierung der Lagerhaltungskosten stellt sich dann dar als

(5) $\sum_{t=1}^{T} (h_t \cdot y_t + H_t \cdot I_t) \rightarrow min$.

Die Formel (1) bedarf keiner Kommentierung mehr. Die Formel (2) drückt aus, dass die Rückkehrprodukte durch Aufarbeitung aus deren Bestand ausscheiden, jedoch neue Rückkehrprodukte den Bestand auch wieder erhöhen. Durch die Beziehung (3) wird der Beitrag der originären und sekundären Endprodukte für die Bestandserhöhung erfasst. Der periodische Bedarf reduziert diesen Bestand dann wieder. Durch Beachtung von (4) wird verhindert, dass $0 < x_t + z_t < m_t$ auftreten kann, d. h. die Mindestlosgröße unterschritten wird. In der Zielfunktion (5) werden die am Ende der Perioden auftretenden Bestände mit den Lagerhaltungskosten multipliziert und aufsummiert.

Das Gesamtmodell (1) – (5) hat dann die folgende kompakte Form (6):

$$
(6) \quad
\begin{aligned}
& y_0 = I_0 = I_T = 0, \\
& x_t + z_t \in \{0\} \cup [m_t, M_t],\ x_t \geq 0,\ z_t \geq 0, \\
& y_t = y_{t-1} - x_t + d_t, \\
& I_t = I_{t-1} + x_t + z_t - D_t,\ I_t, y_t \geq 0,\ t = 1,2,...,T, \\
& \sum_{t=1}^{T} (h_t \cdot y_t + H_t \cdot I_t) \rightarrow \min
\end{aligned}
$$

Das Modell (6) kann auch als gemischt-ganzzahlige lineare Optimierungsaufgabe dargestellt werden, indem mit Hilfe der 0-1 Variablen b_t die Bedingung (4) ersetzt wird durch

(4') $m_t \cdot b_t \leq x_t + z_t \leq M_t \cdot b_t,\ x_t \geq 0,\ z_t \geq 0,\ b_t \in \{0,1\},\ t = 1,2,...,T,$

Für den Fall, dass die Mindestmengen gleich null sind, wird Modell (6) zur linearen Optimierungsaufgabe und kann bequem mit den bekannten Standardmethoden gelöst werden.

In Abb. 2 ist der konkrete Stofffluss ähnlich wie in Golany et al. (2001) für eine Lösung des Problems der Rückkehrlogistik über vier Perioden beispielhaft dargestellt. Die bewerteten Kanten des Netzes bilden sämtliche Konstanten und Variablen ab. Die grau gezeichneten Kanten haben dabei den Wert null. Grau markierte Knoten einer Kante symbolisieren, dass es sich um einen Eingangs- oder Ausgangsknoten handelt, durch die feste oder variable Größen in das Netz eingespeist werden bzw. das Netz verlassen. Für die anderen Knoten muss die bekannte Beziehung gelten, dass die Summe der einfließenden Werte gleich der Summe der ausfließenden Werte sein soll.

Beispiel 1: Für die Bedarfe D = $(3,2,4,5)$, den Rückkehrfluss $d = (1,1,2,0)$, $m_t = 6$ und $M_t = 10$, $t = 1,2,3,4$, wird hier zunächst eine zulässige Lösung angegeben. Später wird gezeigt, dass sie unter recht allgemeinen Bedingungen auch optimal ist. In der ersten Perio-

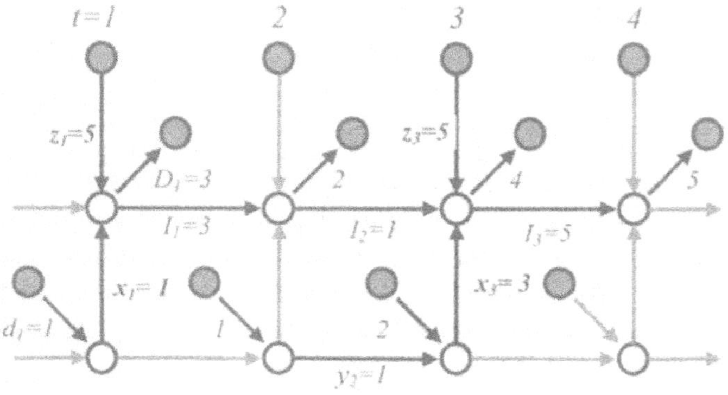

Abb. 2: Stofffluss für ein Problem der Kreislauf-Logistik

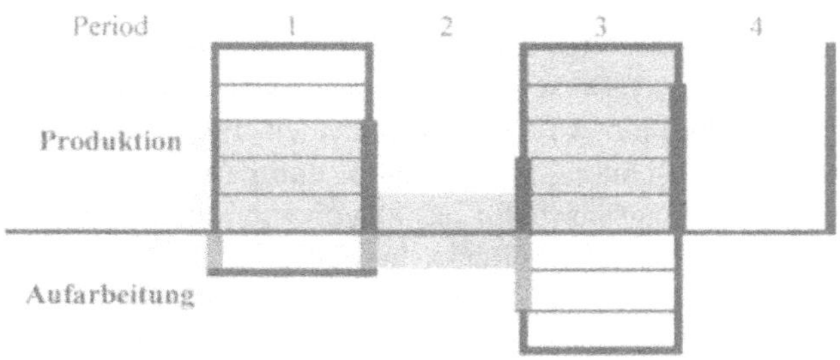

Abb. 3: Lösung für das Beispiel 1

de werden fünf Einheiten hergestellt und eine Einheit aufgearbeitet, die zusammen der vollständigen Bedarfsbefriedigung der ersten beiden Perioden und der teilweisen Bedarfsbefriedigung der dritten Periode dienen. In der dritten Periode erfolgen die Herstellung von fünf Einheiten und die Aufarbeitung der drei in den Perioden zwei und drei angesammelten Einheiten, so dass die Bedarfe der letzten beiden Perioden gedeckt werden. Diese Lösung kann zweckmäßigerweise auch graphisch wie in Abb. 3 dargestellt werden. Die Bedarfe sind als fette dunkle Linien am Ende jeder Periode, die Anzahl der Rückkehrprodukte als graue fette Linien am Anfang einer Periode, die Produktions- und Aufarbeitungsmengen durch die umrandeten Felder und die Bestände als grau unterlegte Flächen markiert.

2. Modellklassifikation

Um die verschiedenen sinnvollen Varianten des Modells zu analysieren, werden nun zuerst Modifikationen der Modellparameter betrachtet und durch die folgenden Symbole dargestellt: Die Mindestlösgrößen können gleich null sein (m = "0"), konstant (m = "const"), monoton nicht wachsend (m = "≤"), monoton nicht fallend (m = "≥"), beliebig nichtnegativ (m = "·") oder gleich den oberen Schranken (m = "M"). Die oberen Schranken sind entweder redundant, d. h. nicht beschränkend (M = "red"), oder beliebig, also u. U. auch beschränkend (M = "·"). Die vorliegenden Bedarfsparameter sind beliebig nichtnegativ (D = "·"), konstant (D = "const"), oder nicht relevant (D = "–"). Das Rückkehrvolumen ist gleich null (d = "0"), konstant (d = "const"), beliebig nichtnegativ (d = "·"), beschränkt (d = "b"), oder irrelevant, weil keine Rückkehrprodukte berücksichtigt werden (d = "–"). Schließlich können sich die Kosten für die Lagerung der Endprodukte von denen für die Rückkehrprodukte unterscheiden. Sie sind ganz beliebig nichtnegativ (H = "·"), die Lagerhaltungskosten für die Endprodukte sind nicht geringer als die der Rückkehrprodukte (H = "≥"), umgekehrt (H = "≤") bzw. das Verhältnis der Kosten zueinander ist nicht relevant (H = "–"). Letzteres trifft zu, wenn entweder alle Bedarfe oder sämtliche Rückkehrvolumina gleich null sind und somit keine Endprodukte bzw. keine Rückkehrprodukte gelagert werden.

Die Varianten des allgemeinen dynamischen Modells der Kreislauf-Logistik mit Losgrößenrestriktionen seien nun mit $\langle m/M/D/d/H\rangle$ klassifiziert. Das Problem $\langle 0/\cdot/\cdot/\cdot/\cdot\rangle$ stellt dann den Spezialfall einer linearen Optimierungsaufgabe dar, auf das aber weiter nicht eingegangen wird. Werden entweder die Aufarbeitung oder die Produktion ausgeschlossen, ergeben sich u. a. die Probleme der Vorwärtslogistik $\langle const/red/\cdot/-/-\rangle$ und der Rückkehrlogistik $\langle const/red/-/\cdot/-\rangle$. Diese beiden symmetrisch zueinander stehenden Probleme werden im nächsten Abschnitt B III kurz abgehandelt. Für den Fall $\langle \cdot/red/\cdot/\cdot/\geq\rangle$ und $\langle \geq/red/\cdot/\cdot/\geq\rangle$ werden im Abschnitt C Eigenschaften optimaler Lösungen erörtert und dann in einen dynamischen Lösungsansatz für das allgemeine Modell $\langle const/red/\cdot/\cdot/\geq\rangle$ eingebracht, der für ein speziell beschränktes Rückkehrvolumen, d. h. für $\langle const/red/\cdot/b/\geq\rangle$, stets eine optimale Lösung garantiert. Im Abschnitt D soll darauf eingegangen werden, dass schon das Problem $\langle M/\cdot/\cdot/0/-\rangle$ NP-schwierig ist, d. h. dass das Problem der Vorwärtslogistik mit $m_t = M_t, t = 1,2,...,T$ nicht polynomial[6] lösbar ist und dass damit auch das allgemeine Problem der Kreislauflogistik zu der Klasse der schwer lösbaren Probleme gehört. Die Abb. 4 stellt die hier betrachteten Probleme zusammen.

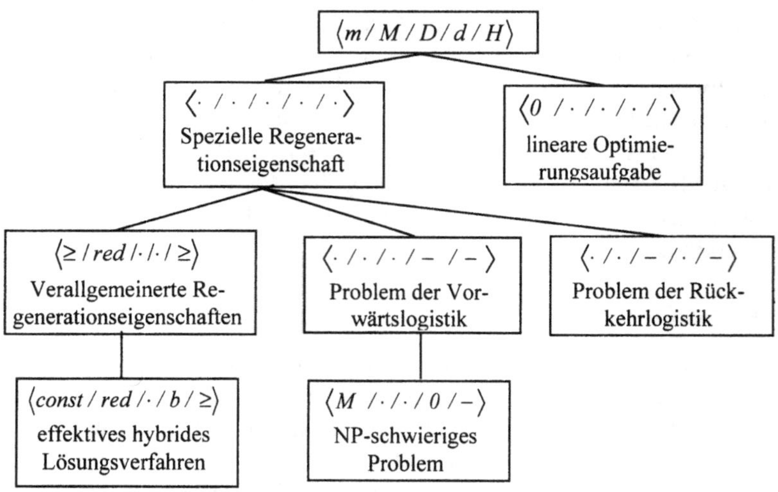

Abb. 4: Zusammenstellung der behandelten Probleme

III. Die Probleme der Vorwärts- und Rückkehrlogistik

Durch Elimination aller Parameter und Variablen für die Aufarbeitung entsteht aus dem Modell (6) das folgende Modell $\langle \cdot/\cdot/\cdot/-/-\rangle$:

$$
\begin{aligned}
& I_0 = I_T = 0, z_t \in \{0\} \cup [m_t, M_t], \\
(7) \quad & I_t = I_{t-1} + z_t - D_t,\ I_t \geq 0,\ t = 1,2,\ldots,T, \\
& \sum_{t=1}^{T} H_t \cdot I_t \rightarrow min.
\end{aligned}
$$

Für das modifizierte Beispiel 1 mit $d = (0,0,0,0)$ gibt der Stofffluss in Abb. 5 eine mögliche Lösung wieder. Da keine Aufarbeitungsaktivitäten stattfinden, werden die im Beispiel 1 ermittelten Aufarbeitungsmengen bei der angegebenen Lösung den Produktionsmengen zugeschlagen. Umgekehrt kann man auch argumentieren, dass aus dieser Lösung durch nachträgliche Berücksichtigung der Aufarbeitungsmöglichkeiten eine Lösung für das allgemeine Problem induziert wird. Ein solcher Ansatz soll im Weiteren auch dargestellt werden.

Nun wird aus dem Modell (6) der Produktionsteil eliminiert und zusätzlich $y_T = 0$ gefordert. Dadurch entsteht das Modell der Rückkehrlogistik $\langle \cdot/\cdot/-/\cdot/-\rangle$:

$$
\begin{aligned}
& y_0 = y_T = 0, x_t \in \{0\} \cup [m_t, M_t], \\
(8) \quad & y_t = y_{t-1} - x_t + d_t, y_t \geq 0,\ t = 1,2,\ldots,T, \\
& \sum_{t=1}^{T} (h_t \cdot y_t) \rightarrow min
\end{aligned}
$$

Hier ist der Rückkehrstrom d_t so aufzuarbeiten (x_t) und möglicherweise vorher zu lagern (y_t), dass die anfallenden Lagerhaltungskosten für Rückkehrprodukte minimal sind. Zur Illustration werden in Abb. 6 die Bedarfe in Beispiel 1 als Rückkehrmengen in umgekehrter Reihenfolge benutzt. Die angegebene Lösung entspricht dann genau der Lösung aus dem Beispiel 1 in umgekehrter Zeitrichtung.

Damit gilt auch die allgemeingültige Aussage, dass die Modelle (7) und (8) in dem Sinne äquivalent sind, dass jedem Problembeispiel von (8) ein Problembeispiel von (7) ent-

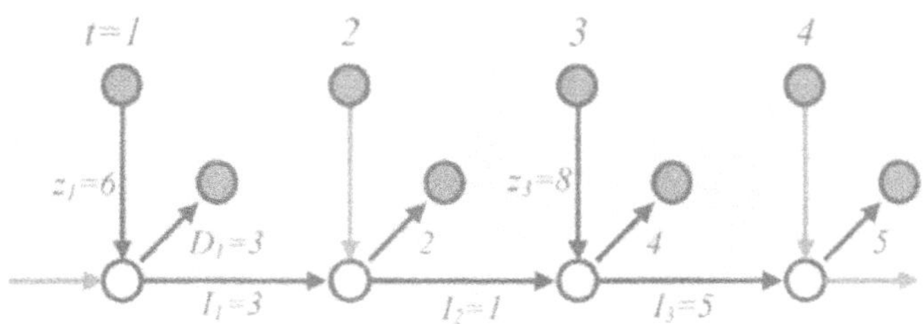

Abb. 5: Beispielhafter Stofffluss für ein Problem der Vorwärtslogistik

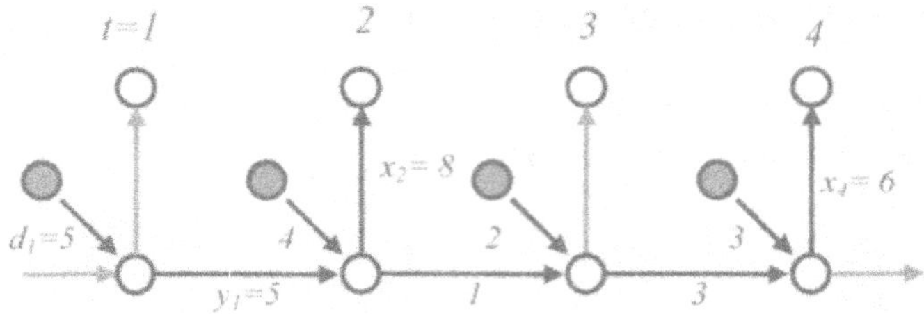

Abb. 6: Beispielhafter Stofffluss für ein Problem der Rückkehrlogistik

spricht und dass aus der optimalen Lösung des letzteren die optimale Lösung des ersteren abgeleitet werden kann. Dazu ist nur die im Modell (8) enthaltene Beziehung (2) wie folgt umzustellen:

(9) $y_{t-1} = y_t + x_t - d_t,\ t = 1,2,\ldots,T$.

Die erwähnte Äquivalenz der beiden Modelle lässt den Schluss zu, dass man sich bei weiteren Analysen nur mit einem der beiden Probleme befassen muss.

C. Das allgemeine Modell der Kreislauf-Logistik

I. Lösungsansatz

Für das allgemeine Modell $\langle \cdot/\cdot/\cdot/\cdot/\cdot \rangle$ gilt die folgende **Regenerationseigenschaft:** In einer Periode wird die Produktion nur realisiert, wenn gleichzeitig auch alle angesammelten Rückkehrprodukte aufgearbeitet werden und kein Bestand an nicht aufgearbeiteten Rückkehrprodukten in der entsprechenden Periode zurückbleibt. Das ist die erste Regenerationseigenschaft[7]:

(10) $z_t \cdot y_t = 0,\ t = 1,2,\ldots,T$.

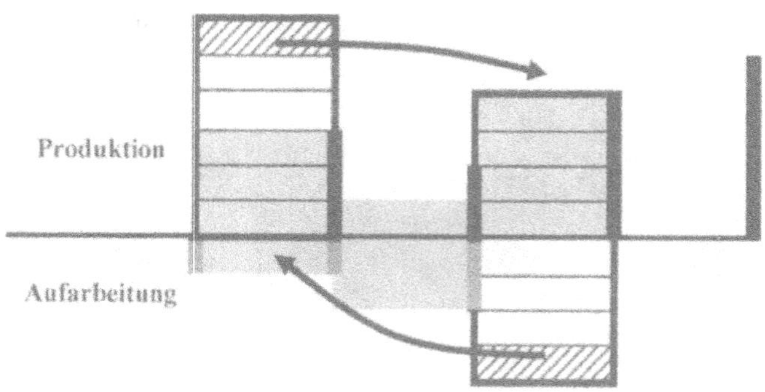

Abb. 7: Begründung der Regenerationseigenschaft

Bezogen auf Beispiel 1 sieht man in der Abb. 7, dass in der ersten Periode bei ausschließlicher Neuproduktion ein Vorrat an Rückkehrprodukten gebildet wird. Dieser Vorrat wird in einer späteren (dritten) Periode aufgearbeitet (Abb. 7) oder bleibt bis zum Ende des Planungszeitraumes bestehen. Durch den dann möglichen Austausch von Produktions- und Aufarbeitungsaktivitäten (Abb. 7) bzw. den Ersatz von Produktions- durch Aufarbeitungsaktivitäten werden die Bestände an Rückkehrprodukten abgebaut, ohne dass dadurch die Bestände an Endprodukten anwachsen bzw. Kapazitätsbeschränkungen verletzt würden.

Zur Herleitung praktikabler Algorithmen wird im Weiteren der Spezialfall $\langle \geq / red / \cdot / \cdot / \geq \rangle$ bzw. $\langle const / red / \cdot / \cdot / \geq \rangle$ detaillierter betrachtet, d. h. $m_{t-1} \geq m_t$ und $h_t \leq H_t$, $t = 1,2,...,T$ wird vorausgesetzt.

Der hier präsentierte Lösungsansatz geht davon aus, dass, da Anfangs- und Endbestand an Endprodukten gleich null sind, eine optimale Lösung des Problems (6) aus Teillösungen für einen oder mehrere aufeinander folgende Teilzeiträume $T_1, T_2, ..., T_r$ besteht, für die Anfangs- und Endbestände an Endprodukten ebenfalls gleich null sind. Innerhalb dieser Teilzeiträume ist dieser Bestand positiv. Das Problem der Lösung solcher lokalen Probleme wird hier Subproblem genannt. Eine optimale Lösung für das Modell (6) soll dann aus der geeigneten Verbindung der einzelnen Subprobleme gefunden werden. Der Bestand an Rückkehrprodukten am Ende eines Teilzeitraums muss dabei mit dem Bestand zu Beginn des nächsten Zeitraums übereinstimmen. Wird ein Teilzeitraum für die Perioden $i, i+1, ..., t$ herausgegriffen und vorausgesetzt, dass mit y° der Anfangsbestand an Rückkehrprodukten vorgegeben ist, dann werden im Weiteren mit $a_{i-1,t}(y^\circ)$ die minimalen Kosten für das Subproblem des Modells (6) mit den Anfangs- und Endperioden i, t bezeichnet.

Im Beispiel 1 wird damit auch eine Lösung zur Bestimmung von $a_{0,4}(0)$ angegeben, bei der die Bestände an Endprodukten in den ersten drei Perioden positiv sind. Für die angegebenen Subprobleme gilt folgender Satz, der verallgemeinernde Regenerationsbedingungen formuliert:

Verallgemeinerte Regenerationsbedingungen: Eine optimale Lösung eines beliebigen Subproblems des Problems $\langle \cdot / red / \cdot / \cdot / \geq \rangle$ erfüllt die folgenden Bedingungen:

(i) Für die Summe der produzierten und aufgearbeiteten Produkte gilt in höchstens einer Periode $m_j < z_j + x_j$.

(ii) Wenn in einer Periode die Mindestlosgröße überschritten wird, finden in den nachfolgenden Perioden keine Produktions- und Aufarbeitungsaktivitäten statt.

Falls das Problem $\langle \geq / red / \cdot / \cdot / \geq \rangle$ vorliegt, gilt zusätzlich:

(iii) Ist am Ende einer Periode der Bestand an Endprodukten höher als der Bedarf der nächsten Periode, so finden in dieser nächsten Periode keine Produktions- und Aufarbeitungsaktivitäten statt.

Die formulierte Eigenschaft (i) gilt offensichtlich, da man sich in Abb. 8 anhand der Daten von Beispiel 1 verdeutlichen kann, welche Veränderungen andernfalls vorgenommen werden können. Da hier für die erste und die dritte Periode die Mindestlosgröße überschritten wird, und wie vorausgesetzt, die Bestände an Endprodukten positiv sind, führt allein die Verlagerung einer Einheit der Produktionsaktivitäten zu Kostenersparnissen.

Wie Abb. 9 anhand des gleichen Beispiels zeigt, kann aber auch die Verlagerung von Aufarbeitungsaktivitäten in spätere Perioden zu Kostenersparnissen führen. Obwohl da-

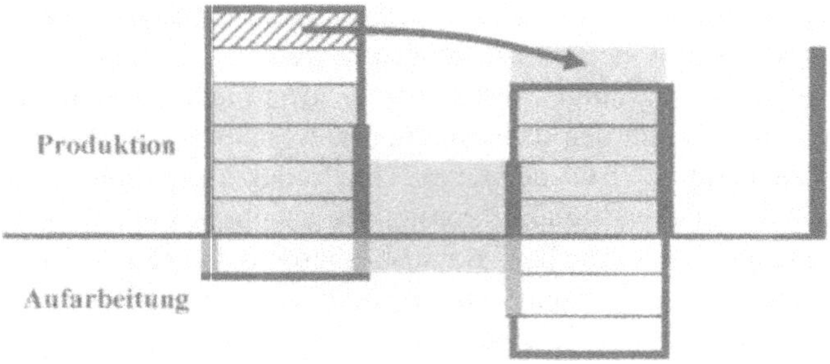

Abb. 8: Transfer von Produktionsaktivitäten

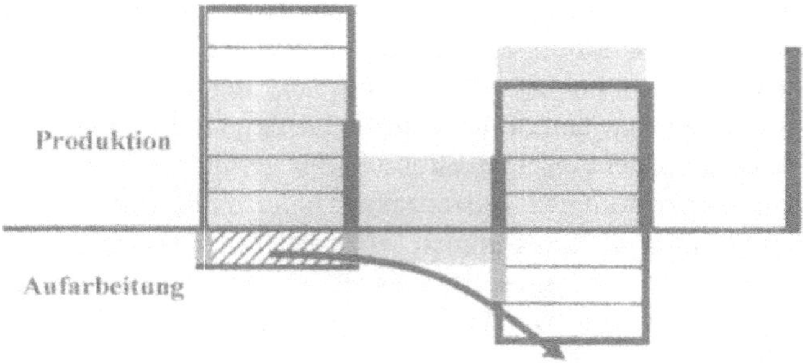

Abb. 9: Transfer von Aufarbeitungsaktivitäten

durch die Lagerhaltungskosten für Rückkehrprodukte ansteigen, wird dies durch die Reduktion der höheren Kosten für Endprodukte überkompensiert.

Die beiden anderen Eigenschaften lassen sich analog begründen. Dafür ist aber im Falle (iii) die Monotonie der Mindestlosgrößen vorauszusetzen.

Dabei sei betont, dass die Subprobleme für Teilzeiträume, für die $D_{j_r} \geq m$, $r = 1,2$, $i \leq j_1 < ... < j_2 \leq t$ gilt, entweder nicht lösbar sind, d. h., dass die entsprechenden Subprobleme in kleinere Subprobleme mit höchstens einem über der Mindestlosgröße liegenden Bedarf zerfallen, oder deren optimale Lösungen ebenfalls die verallgemeinerten Regenerationsbedingungen erfüllen.

Beispiel 2: Es seien $D = (8,3,2,7)$, $d = (0,0,0,0)$ und $m = 6$. Dann ist wohl $z = (12,0,8,0)$ mit $I = (4,1,7,0)$ eine Anfangslösung zur Bestimmung von $a_{0,4}(0)$, ein Umschichten der Produktion führt jedoch zu $z = (11,0,9,0)$ mit $I = (3,0,7,0)$. Jede andere Anfangslösung in diesem Beispiel kann genau so verändert werden, dass der zulässige Bereich durch eine derartige Transformation unter Kostensenkung verlassen wird. Das bedeutet, dass nicht $a_{0,4}(0)$ bestimmt werden kann, sondern $a_{0,2}(0) + a_{2,4}(0)$, $a_{0,1}(0) + a_{1,4}(0)$ u. a. Gilt dagegen $D = (1,0,0,0,0,0,0,7,7)$, so sind unter anderem zwei Lösungen denkbar: $z^1 = (6,0,0,0,0,0,0,9,0)$ mit $I^1 = (5,5,5,5,5,5,5,7,0)$ und $z^2 = (8,0,0,0,0,0,0,0,7)$ mit $I^2 = (7,7,7,7,7,7,7,0,0)$. Der Gesamtvorrat ist im ersten Fall gleich 42 und im zweiten Fall gleich 49, d. h. das Problem zerfällt zwar aufgrund der Optimierung nicht, die optimale Lösung erfüllt dafür aber die verallgemeinerten Regenerationsbedingungen.

Diese verallgemeinerten Regenerationsbedingungen gelten auch für die Produktionslose der entsprechenden Probleme der Vorwärtslogistik $\langle \cdot/red/\cdot/–/–\rangle$ und $\langle \geq/red/\cdot/–/–\rangle$.

II. Lösung der Subprobleme

Es wird nun das Problem $\langle const/red/\cdot/\cdot/\geq\rangle$ betrachtet. Dann sind die formulierten Regenerationseigenschaften anwendbar. Wie schon angemerkt, wird im Weiteren von einem gegebenen Anfangsbestand y°_{i-1} ausgegangen. Der Parameter k bestimme die maximale Zahl der aufzulegenden Produktions- und Aufarbeitungslose vom Umfang m. Wegen der angenommenen Redundanz der maximalen Losgröße M_j sind die Losgrößen entweder gleich null oder gleich m und in höchstens einer Periode größer als m. Für den Parameter k muss $k \cdot m \leq D_{i-1,t} < (k+1) \cdot m$ gelten. Die rechte Ungleichung ist notwendig, da ansonsten kein Kostenminimum möglich ist. Die linke Ungleichung folgt aus der Bedingung, dass der Endbestand gleich null ist.

Mit j^* sei die Periode bezeichnet, für die $z_{j^*} + x_{j^*} > m$ erlaubt ist. Diese Periode ist wegen Eigenschaft (ii) zugleich die letzte Produktions- und Aufarbeitungsperiode. Für sie gilt die Beziehung $(k-1) \cdot m < D_{i-1,j^*}$, d. h. dass der Bedarf der j^*-ten Periode nicht mehr komplett durch die ersten $(k-1)$ Lose abgedeckt werden kann. Die Bestandsgrößen ergeben sich aus der Differenz der bis zu einer gewissen Periode j zu realisierenden Produktion und Aufarbeitung $\left\lceil \frac{D_{i-1,j}}{m} \right\rceil \cdot m$ und des kumulativen Bedarfs $D_{i-1,j}$[8]. Aufgrund der Regenerationseigenschaft (10) wird im folgenden Algorithmus immer mit den Aufarbeitungsaktivitäten gestartet. Δ_j bezeichnet die Losgröße der j-ten Periode. Der Algorithmus realisiert eine elementare kombinatorische Analyse der gegebenen Bedingungen.

Algorithmus [Subproblem]: Gegeben sind

$$i,\ t,\ m,\ D_i, D_{i+1}, \ldots, D_t,\ y_{i-1} = y^{\circ}_{i-1}, d_i, d_{i+1}, \ldots, d_t.$$

1. $k = \left\lfloor \frac{D_{i-1,t}}{m} \right\rfloor,\ j^* = min\{j \geq i : D_{i-1,j} > (k-1) \cdot m\},$

2. $I_j = \left\lceil \frac{D_{i-1,j}}{m} \right\rceil \cdot m - D_{i-1,j},\ \Delta_j = D_j - I_{j-1} + I_j,\ x_j = min\{\Delta_j, d_j + y_{j-1}\},$

   $y_j = y_{j-1} + d_j - x_j,\ z_j = \Delta_j - x_j,\ j = i, i+1, \ldots, j^*-1,$

3. $\Delta_{j^*} = D_{j^*-1,t} - I_{j^*-1},\ x_{j^*} = min\{\Delta_{j^*}, d_{j^*} + y_{j^*-1}\},\ z_{j^*} = \Delta_{j^*} - x_{j^*},$

   $y_{j^*} = y_{j^*-1} + d_{j^*} - x_{j^*},\ z_j = 0,\ y_j = y_{j-1} + d_j,\ j = j^*+1, \ldots, t,$

4. $I_j = D_{j,t},\ j = j^*, j^*+1, \ldots, t.$

Im Ergebnis erhält man die Produktions- und Aufarbeitungslosgrößen einschließlich aller Bestandsgrößen. Weitere Ergebnisse werden nun wie folgt zusammengefasst:

Bemerkungen: 1) Gilt für irgendeine Bedarfsgröße $D_j > m$, so sind nur solche Subprobleme lösbar, für die sich im Algorithmus $j^* = i$ ergibt. Sobald dies nicht gilt, d. h. falls es vor oder nach dieser Periode einen kumulativen Bedarf gibt, der die minimale Lösgröße erreicht oder übersteigt, lässt sich das Subproblem wieder ohne Kostenanstieg in zwei kleinere Subprobleme zerlegen.

2) Im Algorithmus wird stets zuerst das gesamte notwendige Produktions- und Aufarbeitungspotenzial Δj für jede Periode ermittelt, das erst danach entsprechend der Regenerationseigenschaft aufgeteilt wird. Diese Potenziale ermitteln die minimalen Lagerhaltungskosten für die Endprodukte. Damit ist es für die Bestimmung der optimalen Lösung eines Subproblems erst einmal unerheblich, welcher konkrete Anfangswert des Bestands an Rückkehrprodukten vorliegt.

Der Algorithmus wird nun am Beispiel 1 für $a_{0,4}(0)$ mit $D = (3,2,4,5)$, den Rückkehrfluss $d = (1,1,2,0)$ und $m = 6$ illustriert. Dann gilt $k = \left\lfloor \frac{14}{6} \right\rfloor = 2$, $j^* = 3$,

$$I_1 = \left\lceil \frac{3}{6} \right\rceil \cdot 6 - 3 = 3, \quad \Delta_1 = 3 + 3 = 6, \quad x_1 = min\{6,1\} = 1, \quad y_1 = 0, \quad z_1 = 6 - 1 = 5,$$

$$I_2 = \left\lceil \frac{5}{6} \right\rceil \cdot 6 - 5 = 1, \ \Delta_2 = 2 - 3 + 1 = 0, \ x_2 = z_2 = 0, \ y_2 = 1,$$

$$\Delta_3 = 9 - 1 = 8, \ x_3 = min\{8, 2 + 1\} = 3, \ z_3 = 8 - 3 = 5, \ y_3 = 0, \ I_3 = 5,$$

$$\Delta_4 = 4 - 1 + 3 = 0 \ , \ x_4 = z_4 = y_4 = I_4 = 0 .$$

Die Summe der Vorräte an Endprodukten über vier Perioden ist $\sum_{j=1}^{4} I_j = 9$, die Summe des Bestandes an Rückkehrprodukten beträgt $\sum_{j=1}^{4} y_j = 1$.

Man sieht, dass diese Lösung mit der in Beispiel 1 dargestellten identisch ist. Dabei ist diese Lösung optimal für alle Konfigurationen $H_j \geq h_j, j = i, i + 1, ..., t$. Die Verallgemeinerung des Algorithmus auf den Fall $\langle \geq / red / \cdot / \cdot / \geq \rangle$ ist möglich, soll hier aber nicht weiter verfolgt werden. Genauso kann der Algorithmus auf beliebige Probleme $\langle \cdot / \cdot / \cdot / \cdot / \cdot \rangle$ angewandt werden, jedoch ohne Optimalitätsgarantie. Die Werte Δ_t entsprechen der in Abb. 5 dargestellten Lösung, sie stellen die optimale Lösung des Problems der Vorwärtslogistik dar.

III. Lösung des Problems $\langle const / red / \cdot / \cdot / \geq \rangle$

Wie schon bemerkt, besteht eine optimale Lösung immer aus einer Folge lokal optimaler Probleme für Teilzeiträume $T_1, T_2, ..., T_r$, für die die Bestände an End- und Rückkehrprodukten an den Grenzen übereinstimmen, wobei die Bestände an Endprodukten an den

Grenzen jeweils gleich null und innerhalb der Intervalle positiv sind. Ohne weitere Informationen müsste ein korrektes Verfahren nicht nur alle Teilzeiträume, sondern hierfür auch jeweils alle möglichen Varianten von Anfangs- und Endbeständen an Rückkehrprodukten durchsuchen. Das ist aber nur notwendig, wenn sich die Endbestände der Rückkehrprodukte auf den weiteren Fortgang eines Verfahrens auswirken. Wenn dieser Endbestand zusammen mit der Rückkehrmenge der nächsten Periode die Mindestmenge nicht übersteigt oder wenn er selbst minimal ist, dann entstehen auch keine zusätzlichen Kosten. Diesen Tatbestand der *Irrelevanz der Endbestände an Rückkehrprodukten* vorausgesetzt, kann das folgende Rekursionsverfahren gestartet werden.

Mit A_t seien die im Modell $\langle const/red/\cdot/\cdot/\geq\rangle$ entstehenden minimalen Kosten für die ersten t Perioden bezeichnet. Daneben bezeichne Y_t bzw. $y_{i-1,t}(Y_{i-1})$ den Endbestand an Rückkehrprodukten, der sich aus der Berechnung von A_t bzw. von $a_{i-1,t}(Y_{i-1})$ ergibt. Wie eben ausgeführt, wird vorausgesetzt, dass entweder Y_t minimal für die ersten t Perioden ist oder dass

(11) $$Y_t + d_{t+1} \leq \Delta_{t+1}$$

gilt. Die minimalen Kosten berechnen sich dann nach dem folgenden auf dem Prinzip der dynamischen Optimierung[9] basierenden Rekursionsverfahren:

Es sei A_0, $Y_0 = 0$.

Für alle $t = 1,2,\ldots,T$ und
für alle $i = 1,2,\ldots,t$
berechne $a_{i-1,t}(Y_{i-1})$ und $y_{i-1,t}(Y_{i-1})$.

Dann setze

(12) $$A_t = \min_i \left\{a_{i-1,t}(Y_{i-1}) + A_{i-1}\right\} \text{ mit } Y_t = y_{i-1,t}(Y_{i-1})$$

für das optimale i.

Die Optimalität folgt nun daraus, dass bei der Berechnung von A_t für jedes $i-1$ davon ausgegangen werden kann, dass entweder das zugehörige Y_{i-1} minimal ist oder dass nach (11)

(13) $$y_{i-1,t}(Y_{i-1}) + d_{t+1} \leq \Delta_{t+1}$$

gilt. Der möglicherweise geringere Endbestand einer alternativen Lösung hat dann keine Auswirkungen. Man sieht sofort, dass damit das Problem der Vorwärtslogistik, in dem keine Rückkehrprodukte betrachtet werden, bzw. das Problem mit hinreichend geringen Lagerhaltungskosten für die Rückkehrprodukte, gelöst wird.

Dieses Verfahren kombiniert hybrid den Ansatz der dynamischen Optimierung mit einer einfachen kombinatorischen Analyse aus dem Algorithmus für die Subprobleme. Es ist auch auf allgemeine Probleme $\langle\cdot/\cdot/\cdot/\cdot/\cdot\rangle$ anwendbar. Dann ist jedoch die Optimalität nicht zu garantieren.

Tab. 1: Optimale Lösungen und Kosten für die Subprobleme des Beispiels 3

$m=6$	t	0	1	2	3	4	5	6	7	Bemerkungen
$H=2$	D		3	2	4	5	3	5	3	
$h=1$	d		1	1	2	0	2	0	0	
$a_{0,3}(0)$	Δ		9	0	0					
24	I	0	6	4	0					
	x		1	0	0					
	y	0	0	1	3					
$a_{0,4}(0)$	Δ		6	0	8	0				
19	I	0	3	1	5	0				
	x		1	0	3	0				
	y	0	0	1	0	0				
$a_{0,5}(0)$	Δ		6	0	11	0	0			
33	I	0	3	1	8	3	0			
	x		1	0	3	0	0			
	y	0	0	1	0	0	2			
$a_{0,7}(0)$	Δ		6	0	6	6	0	7	0	
33	I	0	3	1	3	4	1	3	0	
	x		1	0	3	0	0	2	0	
	y	0	0	1	0	0	2	0	0	
$a_{3,5}(3)$	Δ					8	0			
8	I				0	3	0			
	x					3	0			
	y				3	0	2			$y_3+d_4\leq\Delta_4$
$a_{3,7}(3)$	Δ					6	10	0	0	
24	I				0	1	8	3	0	
	x					3	2	0	0	
	y				3	0	0	0	0	$y_3+d_4\leq\Delta_4$
$a_{4,7}(0)$	Δ						11	0	0	
24	I					0	8	3	0	
	x						2	0	0	
	y					0	0	0	0	y_4 - minimal
$a_{5,7}(2)$	Δ							8	0	
6	I						0	3	0	
	x							2	0	
	y						2	0	0	$y_5+d_6\leq\Delta_6$

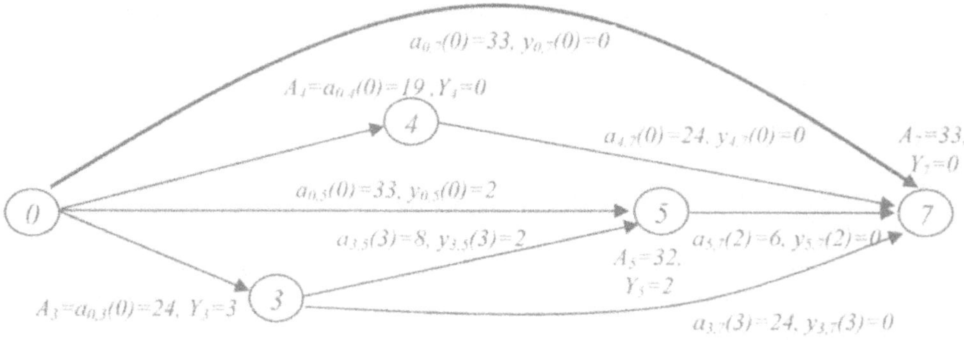

Abb. 10: Lösungsprozess für das Beispiel 3

Beispiel 3: Die Daten von Beispiel 1 werden nun um drei weitere Perioden und um zeitkonstante Lagerhaltungskosten erweitert. In der Tabelle 1 sind die Lösungen und Kosten (linke Spalte) für verschiedene relevante Subprobleme dargestellt, die u. a. im Algorithmus 9 benötigt werden.

Die in Abb. 10 dargestellte Abarbeitung des Rekursionsverfahrens führt zu der in Abb. 11 graphisch präsentierten Lösung mit Lagerhaltungskosten in Höhe von 33 Einheiten. Es sei darauf hingewiesen, dass, wie bei $A_3 > A_4$ zu sehen, die minimalen Kosten mit fortschreitendem Planungszeitraum nicht zwingend monoton wachsen.

Das vorgestellte Verfahren löst in höchstens T^2 Schritten die Subprobleme und bestimmt jeweils das Minimum von $a_{i-1,t}(Y_{i-1}) + A_{i-1}$. Da auch der Ablauf des Algorithmus [Subproblem] in höchstens T Schritten abläuft, sind nicht mehr als T^3 elementare Operationen durchzuführen, um die minimalen Kosten zu bestimmen. Besonders wichtig ist dabei, dass die Zahl der notwendigen Operationen nicht von der Dimension der Zahlenwerte der Inputs abhängt.

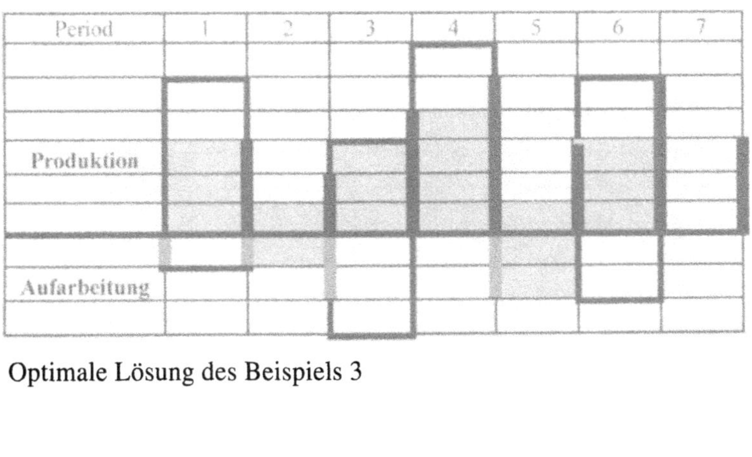

Abb. 11: Optimale Lösung des Beispiels 3

IV. Bedingungen für die Irrelevanz der Endbestände an Rückkehrprodukten

Eine hinreichende Bedingung für die Irrelevanz der Endbestände an Rückkehrprodukten ist für den Fall $D_t \leq m$, $t = 1,2,...,T$ mit

$$(14) \quad d_{i,t+1} \leq m < D_{i,t} < 2 \cdot m \leq D_{i,t+1}$$

für alle passenden (i,t) gegeben. Diese Bedingung impliziert, dass die Bedingung (13) stets eingehalten wird. Damit ist das Rückkehrvolumen begrenzt und es wird faktisch ein Problem vom Typ $\langle const/red/\cdot/b/\geq\rangle$ gelöst.

Der Nachweis, dass die Bedingung (13) eingehalten wird, kann wie folgt geführt werden. Bei $t = 1$ gilt wegen $d_1 \leq d_{0,t} \leq m \leq \Delta_1$ natürlich $y_1 = 0$. Es seien nun $\Delta_i > 0$ und $y_i = 0$ gegeben. Sowohl für den Fall $I_i > 0$ als auch für $I_i = 0$ kann gezeigt werden, dass für die nächste Produktionsperiode der Endbestand der Rückkehrprodukte gleich null ist. Zunächst sei bemerkt, dass wegen der verallgemeinerten Regenerationsbedingung (iii) im ersten Fall $I_{i-1} < D_i$ gilt. Die nächste Produktion kann dann nicht später als in $t + 1$ stattfinden. Wenn der Bedarf dieser Periode in i noch mit produziert werden muss, gilt die Beziehung

$$\Delta_i \geq D_{i-1,t+1} - I_{i-1} = (D_i - I_{i-1}) + D_{i,t+1} > D_{i,t+1} \geq 2m.$$

Da aber $D_j \leq m$ vorausgesetzt wurde, führt schon die Transformation $\Delta_i := \Delta_{i-m}$, $\Delta_{i+1} := m$ zu einer Gesamtkostenreduzierung. Somit können sich wegen der Beziehung (14) bis zur nächsten Produktionsperiode nicht mehr als $d_{i,t+1}$ Einheiten an Rückkehrprodukten ansammeln, die dann vollkommen aufgearbeitet werden. Diese Eigenschaft gilt auch für die optimalen Lösungen aller Subprobleme.

Am Beispiel 3 lässt sich die formulierte Eigenschaft illustrieren (vgl. Tab. 2). Durch die Bedingung (14) wird die Anzahl der Rückkehrprodukte beschränkt. In Tab. 3 ist dagegen ein weiteres Beispiel 4 angeführt, in dem aufgrund der Verletzung dieser Bedingung der

Tab. 2: Irrelevanz des Endbestands der Rückkehrprodukte bei Beispiel 3

t	*0*	*1*	*2*	*3*	*4*	*5*	*6*	*7*	
D		*3*	*2*	*4*	*5*	*3*	*5*	*3*	$i=0<t=3$
D		*3*	*2*	*4*	*5*	*3*	*5*	*3*	$i=1<t=4$
D		*3*	*2*	*4*	*5*	*3*	*5*	*3*	$i=2<t=4$
D					*5*	*3*	*5*	*3*	$i=3<t=5$
d		*1*	*1*	*2*	*0*	*2*	*0*	*0*	$d_{0,4}=4$
d		*1*	*1*	*2*	*0*	*2*	*0*	*0*	$d_{1,5}=5$
d			*1*	*2*	*0*	*2*	*0*	*0*	$d_{2,5}=4$
d				*2*	*0*	*2*	*0*	*0*	$d_{3,6}=2$

dargestellte Algorithmus keine optimale Lösung generiert. Laut Algorithmus würde sich die Lösung aus $a_{0,8}(0) + a_{8,10}(3) = 33$ ergeben, während die optimale Lösung durch $a_{0,6}(0) + a_{6,8}(0) + a_{8,10}(0) = 28$ entsteht.

Die Bedingung (14) vereinfacht sich, wenn von gewissen Mindestmengen des Bedarfs und von Maximalmengen für die Rückkehrprodukte ausgegangen werden kann. Es seien $D_{min} > 0$ der Mindestbedarf pro Periode und d_{max} die maximal mögliche Menge an Rückkehrprodukten pro Periode. Wenn

$$(15) \quad \left\lceil \frac{2m}{D_{min}} \right\rceil \cdot d_{max} \leq m$$

gilt, so ist die Bedingung (14) erfüllt und der Algorithmus löst das allgemeine Problem der Kreislauflogistik. Es sei ohne Einschränkung der Allgemeinheit $i = 1$. Ferner sei $t = \left\lceil \frac{2m}{D_{min}} \right\rceil$. Dann gilt die rechte Hälfte der Ungleichung (14), da $2 \cdot m \leq t \cdot D_{min} \leq D_{i,t+1}$ und die linke, da $d_{i,t+1} \leq t \cdot d_{max} \leq m$.

Die Bedingung (15) schränkt natürlich die möglichen Parameter beträchtlich ein. Bezogen auf das Beispiel 3 mit $D_{min} = 2$ und $m = 6$ ergibt sich für $t = 6$ nunmehr $6 \cdot d_{max} \leq 6$, also $d_{max} = 1$. Das bedeutet, dass der Algorithmus für beliebige Mengen an Rückkehrprodukten, die diese Schranke nicht übersteigen, eine optimale Lösung berechnet.

Die strikte Anwendung des Algorithmus würde in diesem Fall zu einer Näherungslösung führen, deren relative Abweichung vom Optimum $\frac{33-28}{28} = \frac{5}{28} \approx 0{,}18$ beträgt. Damit wird deutlich, dass im allgemeinen Fall doch auf die Formulierung als diskrete Optimierungsaufgabe zurückzugreifen ist bzw. Heuristiken zur Lösung zu entwickeln sind.

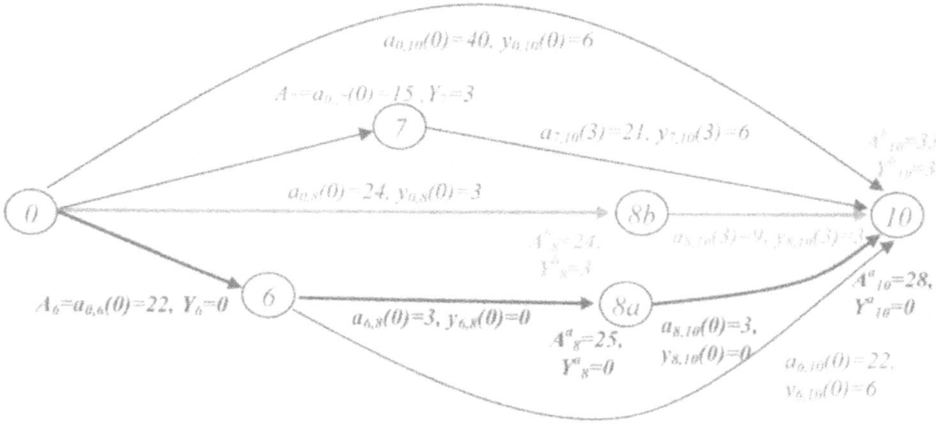

Abb. 11: Lösungsprozess für das Beispiel 4

Tab. 3: Beispiel der Verletzung von Bedingung (14) im Beispiel 4

$m=6$	t	1	2	3	4	5	6	7	8	9	10
$H=1$	D	3	2	0	0	0	4	5	3	3	3
$h=1$	d	0	0	0	0	0	0	3	0	6	0
$a_{0,6}$	Δ	9	0	0	0	0	0				
22+0	I	6	4	4	4	4	0				
=22	x	0	0	0	0	0	0				
	y	0	0	0	0	0	0				
$a_{0,7}$	Δ	6	0	0	0	0	8	0			
12+3	I	3	1	1	1	1	5	0			
=15	x	0	0	0	0	0	0	0			
	y	0	0	0	0	0	0	3			
$a_{0,8}$	Δ	6	0	0	0	0	11	0	0		
18+6	I	3	1	1	1	1	8	3	0		
=24	x	0	0	0	0	0	0	0	0		
	y	0	0	0	0	0	0	3	3		
$a_{0,10}$	Δ	6	0	0	0	0	6	11	0	0	0
28+12	I	3	1	1	1	1	3	9	6	3	0
=40	x	0	0	0	0	0	0	3	0	0	0
	y	0	0	0	0	0	0	0	0	6	6
$a_{6,8}$	Δ							8	0		
3+0	I						0	3	0		
=3	x							3	0		
	y						0	0	0		
$a_{6,10}$	Δ							6	8	0	0
10+12	I						0	1	6	3	0
=22	x							3	0	0	0
	y						0	0	0	6	6
$a_{7,10}$	Δ								9	0	0
9+12	I							0	6	3	0
=21	x								3	0	0
	y							3	0	6	6
$a_{8,10}$	Δ									6	0
3+6	I								0	3	0
=9	x									6	0
	y								3	3	3
$a_{8,10}$	Δ									6	0
3+0	I								0	3	0
=3	x									6	0
	y								0	0	0

D. Komplexität des allgemeinen Modells

Diskrete Optimierungsprobleme wie die Modelle (6) oder (7) sind meistens schwer zu lösen, was durch den Nachweis der *NP*-Schwierigkeit dokumentiert wird. *NP*-schwierige Probleme sind bis heute nur mit Algorithmen behandelbar, deren Rechenzeit exponentiell mit wachsendem Datenumfang steigt. Deshalb werden für derartige Probleme sehr oft heuristische Verfahren entwickelt. Ein weiterer Weg, praktikable Lösungsmethoden zu finden, besteht darin, solche Teilprobleme „herauszuschälen“, die mit effektivem Rechenaufwand gelöst werden können. Effektiv bedeutet dabei, dass der Rechenaufwand als Polynom des Datenumfangs abgeschätzt werden kann. Im Weiteren wird gezeigt, dass schon das Modell (7) $\langle M/\cdot/\cdot/0/-\rangle$ *NP*-schwierig ist, woraus folgt, da (7) ein Spezialfall ist, dass dies auch für das allgemeine Modell (6) gilt.

Es fällt nicht schwer, das Knapsack-Problem[10] als Spezialfall des Modells $\langle M/\cdot/\cdot/0/-\rangle$ darzustellen. Da letzteres ein bekanntes *NP*-schwieriges Problem ist, gilt das dann auch für Modell (7). Das Knapsack-Problem besteht in der Entscheidungsfindung, ob bei gegebener Zahl A aus einer Menge von n Werten $\{a_1, a_2, ..., a_n\}$ eine solche Teilmenge I ausgewählt werden kann, so dass dafür $\sum_{i \in I} a_i = A$ gilt. Für ein beliebiges Knapsack-Problem wird nun ein Problembeispiel $\langle M/\cdot/0/0/-\rangle$ des Modells (7) mit $T = n$, $m_t = M_t = a_t$, $D_t = 0$, $t = 1,2,...n-1$, $D_n = A$, $H_t = 1$ bestimmt. Dann folgt aus der Beziehung (3)

$$I_t = \sum_{j=1}^{t} z_t,\ t = 1,2,...,n-1,\ I_n = \sum_{j=1}^{n} z_t - A = 0 \text{ und}$$

$$\sum_{t=1}^{n} H_t \cdot I_t = \sum_{t=1}^{n} (n-t+1) \cdot z_t - A.$$

Das Modell (7) nimmt nun die Form

$$(11) \quad z_t = 0 \vee a_t,\ \sum_{t=1}^{n} z_t = A,\ \sum_{t=1}^{T} (n-t+1) \cdot z_t - A \to min.$$

an und das Knapsack-Problem ist damit dann und nur dann lösbar, wenn die Aufgabe (11) lösbar ist.

Anmerkungen

1 Zum Begriff der „*NP*-Schwierigkeit“ siehe Domschke/Scholl/Voß, 1997, S. 55 und Abschnitt D.
2 Ohne Beschränkung der Allgemeinheit werden hier nur die Neuproduktion und Aufarbeitung und nur Materialflüsse zwischen Produzent und Kunde betrachtet, obwohl im Rahmen der Kreislauf-Logistik eine Vielzahl an Aktivitäten auszuführen sind, in die auch andere Glieder der Supply Chain eingebunden sein können.
3 Probleme der Vorwärtslogistik behandeln u. a. Domschke/Scholl/Voß, 1997, S. 115–165.
4 In der Literatur auch „as good as new“ Produkte genannt (vgl. Minner/Lindner 2003, S. 160).

5 $[a,b]$ stellt ein nach links und rechts abgeschlossenes Intervall dar.
6 D. h. mit einem Algorithmus lösbar, der einen durch ein Polynom begrenzten Rechenaufwand hat. Das Polynom wird als Funktion der Daten bzw. wichtiger Modellparameter gebildet.
7 Zur Rolle der Regenerationseigenschaften siehe Domschke/Scholl/Voß, 1997, S. 117.
8 $\lceil x \rceil \lfloor x \rfloor$ bezeichnen die kleinste ganze Zahl nicht größer (größte ganze Zahl nicht kleiner) als x.
9 Siehe z. B. Bellman (1957).
10 Eine Darstellung des Knapsackproblems wird u. a. von Domschke/Scholl/Voß, 1997, S. 37, gegeben.

Literatur

Bellman R. (1957): Dynamic Programming, Princeton University Press, Princeton N.J.

Beltrán J. L., D. Krass (2002): Dynamic Lot sizing with returning options, IIE Transactions 34, 437–448

Dekker R., M. Fleischmann., K. Inderfurth, L. van Wassenhove (ed.) (2003): Reverse Logistics, Springer Berlin

Domschke, W., A. Scholl, St. Voß (1997): Produktionsplanung, Springer Berlin et al.

Dyckhoff H., R. Lackes, J. Reese (ed.) (2003): Supply Chain Management and Reverse Logistics, Springer Berlin

Guide V. D. R., Jr., L. van Wassenhove (ed.) (2004): California Management Review, Vol. 46, 2

Golany B., J. Yang, G. Yu (2001): Economic lot-sizing with remanufacturing options, IIE Transactions 33, 995–1003

Kirchgeorg, M. (1999): Marktstrategisches Kreislaufmanagement. Ziele, Strategien und Strukturkonzepte, Gabler Wiesbaden

Minner St., G. Lindner (2003): Lot Sizing in Product Recovery Decisions, in: Dekker R., M. Fleischmann., K. Inderfurth, L. van Wassenhove (ed.), S. 157–179

Papachristos S, I. Ganas (1998): Optimal policy and stability regions for the single product periodic review inventory problem, with stationary demand, Journal of the Operational Research Society 49, 165–175

Richter K., P. Bachmann, St. Dempe (1988): Diskrete Optimierungsmodelle - effektive Algorithmen und Näherungslösungen, Verlag Technik Berlin

Richter K. (1981): Solving a capacity constrained deterministic dynamic inventory problem, in Chikan A. (ed.): The economics and management of inventories, Elsevier, 501–509

Richter K. (1982): Dynamische Aufgaben der diskreten Optimierung, Akademieverlag Berlin

Richter K., M. Sombrutzki (2000): Remanufacturing planning for the reverse Wagner/Whitin models, European Journal of Operational Research (121) 2, 304–315

Richter K., J. Weber (2001): The reverse Wagner/Whitin model with variable manufacturing and remanufacturing cost, Int. Journal of Production Economics 71, 447–456

Zusammenfassung

In diesem Beitrag wird zu den im Rahmen der Themen „Reverse Logistics" und Kreislauf-Logistik oder „Closed-Loop Logistics" entwickelten dynamischen Losgrößen-Modellen ein alternatives Modell vorgelegt, in dem nicht Rüstkosten, sondern Mindestmengen beachtet werden, um wirtschaftlich vertretbare Losgrößen für die Neuproduktion sowie die Aufarbeitung von Rückkehrprodukten zu realisieren. Wegen der Vielzahl der Varianten des Problems wird im Beitrag eine Ordnungssystematik eingeführt. Für dieses *NP*-schwierige gemischt-ganzzahlige dynamische Modell der Kreislauflogistik wird ein hybrides Verfahren aus dynamischer Optimierung und kombinatorischer Analyse vorgestellt, das für das wichtige Teilproblem redundanter Kapazitäten, zeitkonstanter Mindestmengen, beschränkter Rückkehrmengen und geringerer Lagerhaltungskosten für Rückkehrprodukte eine optimale Lösung mit polynomialen Aufwand erzielt. Es bleibt eine Reihe von Fragen offen, die Gegenstand weiterer Untersuchungen sein sollten: Ist das Problem schon $\langle \cdot/red/\cdot/\cdot/\geq \rangle$ *NP*-schwierig, ist $\langle \leq/red/\cdot/\cdot/\leq \rangle$ mit einem ähnlichen Verfahren lösbar, liefert das vorgelegte Verfahren einen guten Näherungsalgorithmus für das allgemeine Problem, kann das Verfahren zur Lösung von Kreislauflogistikproblemen eingesetzt werden, in denen zusätzlich Entscheidungen über die Beseitigung von Rückkehrprodukten zu fällen sind?

Summary

In our paper we introduce a model that provides an alternative to the dynamic lot sizing models developed so far within the framework of reverse and closed-loop logistics. In this model, not setup cost but minimum bounds for production and recovery quantities are regarded in order to determine economic lot sizes. For structuring the number of problems a classification scheme is introduced. A hybrid method using dynamic programming and combinatorial analysis is used for solving this mixed-integer dynamic model of closed-loop logistics. Furthermore, for that class of problems which restrict to redundant maximum bounds, constant minimum bounds, a limited number of return products and lower inventory cost for return products (as compared with the inventory cost for finished products), the algorithm performs in polynomial time.

JEL: M40, Q56

Tourenplanung bei verbundener Distribution

Von Joachim Reese und Karsten-Patrick Urban

Überblick

- In der Tourenplanung wird häufig darauf verzichtet, den zeitgleich mit den Hauptprodukten anfallenden Abfallprodukten ein angemessenes Gewicht beizumessen. Ihre Entsorgung wird nicht hinreichend gewürdigt.
- In diesem Beitrag wird ein Modell entwickelt, das neben der Distribution der Hauptprodukte auch den Transport der Abfälle zur weiteren Verwertung bzw. Beseitigung zum Gegenstand hat. Dabei wird von einer Just-in-Time-Lösung ausgegangen, so dass für die Be- und Entladeprozesse aller in einer Produktion anfallenden Produkte lediglich kleine Zeitfenster bereitstehen.
- Als Lösungsansatz wird ein Algorithmus vorgeschlagen, der sich einer sog. Metaheuristik, nämlich des „Simulated Annealing", bedient.
- Anhand von Simulationsrechnungen für verschiedene Parameterkonstellationen wird die Lösungsgüte des Verfahrens demonstriert.

Eingegangen: 11. Februar 2005

Prof. Dr. Joachim Reese, Universität Lüneburg, Lehrstuhl für Produktion und Wirtschaftsinformatik, Scharnhorststraße 1, 21335 Lüneburg; Forschungsschwerpunkte: Supply Chain Management, E-Logistics
Dr. Karsten-Patrick Urban, ehemaliger wissenschaftlicher Mitarbeiter am obigen Lehrstuhl; seit Mai 2004 Assistent im Fachbereich für Vertriebsinformationssysteme bei der Allianz Versicherungs-AG in München; Forschungsschwerpunkte: Just-in-Time-Belieferung, Lokale Suchverfahren

ZfB
ZEITSCHRIFT FÜR BETRIEBSWIRTSCHAFT

A. Einleitung

Im Produktionsbetrieb entstehen neben erwünschten Gütern – dem Hauptzweck der Produktion – üblicherweise auch Objekte, die den Wert der Produktion mindern und dementsprechend als Übel (Dyckhoff, 1994) oder Abfälle (§ 3 Kreislaufwirtschafts- und Abfallgesetz (KrW-/AbfG) 1996) bezeichnet werden. Die entstehenden Mengen an Gütern und Abfällen sind fest oder zumindest lose aneinander gekoppelt, so dass durch Einsatz geeigneter Technologien zwar eine Reduzierung von Abfallmengen möglich ist. Eine vollkommene Vermeidung von Abfällen ist nach dem heutigen Stand der Technik jedoch in den meisten Fällen unrealistisch bzw. mit extrem hohen Kosten verbunden. Aus betrieblicher Sicht rührt daher die Konsequenz, die entstehenden Abfallmengen unter Beachtung der gesetzlichen Bestimmungen entweder zu verwerten oder zu beseitigen (KrW-/AbfG 1996, Anhang IIa bzw. IIb). Inwieweit ein solcher Prozess der Verwertung („Recycling") oder Beseitigung betriebsintern erfolgen kann und dementsprechend keine externen Effekte zu beobachten sind, hängt wesentlich von der Qualität und Quantität des Abfalls ab. Eine interne Entsorgung kommt vor allem dann in Betracht, wenn eine große Häufigkeit und hohe Spezifität der Abfälle zu beobachten ist (vgl. zur institutionenökonomischen Begründung z.B. Klein, Crawford und Alchian, 1978). Häufig ist jedoch einer marktlichen Entsorgung der Vorzug zu geben, da die Transaktionskosten geringer sind als bei einer internen Verwertung bzw. Beseitigung. Dabei erhalten Logistikunternehmungen den Auftrag des Transports vom Erzeuger zum Abnehmer. Als Abnehmer kommen sowohl Unternehmungen als auch Deponien in Betracht.

In jüngster Zeit sind zwei Entwicklungen in Bezug auf den außerbetrieblichen Transport von Abfällen zu beobachten, nämlich die „Just-in-Time"-Entsorgung sowie die Lösung „aus einer Hand". Die Just-in-Time-Versorgung mit Gütern ist im Rahmen eines umfassenden Supply Chain Management heute in vielen Branchen Standard geworden (Wildemann, 2000). Dabei wird oft übersehen, dass diese Philosophie mit einem völlig neuartigen, ganzheitlichen Distributionskonzept einhergeht, welches nicht nur die Auflösung der systematischen Lagerhaltung von erwünschten Gütern, sondern auch die unverzügliche, lagerlose Entsorgung der Abfälle mit sich bringt. Insofern ist es nicht verwunderlich, dass gelegentlich geklagt wird, mit dem Just-in-Time-Gedanken werde ein Problem zu Lasten eines anderen Problems – nämlich des neuen Entsorgungsproblems – gelöst.

Im Zuge des Supply Chain Managements ist darüber hinaus verständlich, dass nur die unbedingt benötigte Anzahl von Unternehmungen an einem solchen System teilnehmen soll. Dies hat seine Ursache in den aufwändigen Koordinations- und Informationsprozessen, die zwischen den Partnern erforderlich sind, und führt insbesondere dazu, dass auch die Zahl der beteiligten Logistikunternehmungen eingeschränkt werden sollte. Deshalb ist es plausibel, wenn von den Anbietern von Logistik-Dienstleistungen gefordert wird, dass sie Lösungen „aus einer Hand" anbieten, d.h. sowohl für den Transport von Gütern als auch für die Entsorgung der Abfälle zuständig sind.

Die Konsequenz aus diesen Überlegungen ist nahe liegend: Die Produzenten und Kunden in einer Supply Chain verlangen nicht nur eine zeitgenaue logistische Behandlung aller Güter und Abfälle, die im Verlaufe der Produktionsprozesse anfallen. Insbesondere die Produzenten sind aufgrund ihrer veränderten Distributionsstruktur auch nicht mehr bereit, ihre Objekte, die im Rahmen des Produktionsprozesses zeitgleich anfallen, mehreren Logistik-Dienstleistern anzubieten. Sie akzeptieren lediglich solche Unternehmungen, die sich sowohl für die Versorgung der Kunden als auch für die Entsorgung der Abfälle bereit erklären.

Aus Sicht des Logistik-Dienstleisters ergibt sich damit folgendes Problem: Während früher einfache Transportaufträge der Art „Lieferung einer Produktionsmenge x an einen Kunden y" zu erledigen waren, nimmt die Auftragskomplexität heutzutage erheblich zu. Es wird häufig gefordert, dass nicht nur das erwünschte Gut zum Kunden y transportiert wird. Vielmehr sollen auch die Abfälle – ggf. nach entsprechender Trennung und Sortierung – an einen oder mehrere Abnehmer z_1, z_2, ... geliefert werden. Ob dies in einer Tour geschehen kann, hängt wesentlich von den gegebenen Zeitfenstern sowie der Beschaffenheit der verschiedenen Objekte ab.

In den weiteren Ausführungen soll nun untersucht werden, wie die Problematik entscheidungstheoretisch aufbereitet werden kann und welche Lösungsprozeduren dazu in Frage kommen. Im folgenden Abschnitt B. erfolgt zunächst eine Problemdefinition mit anschließender Einordnung des Problemtyps in die bestehende Typologie zur Tourenplanung. Anschließend wird in Abschnitt C. eine mathematische Formulierung des neuen Problems vorgestellt. Abschnitt D. enthält eine Diskussion der grundsätzlichen Lösungsmethodik unter Bezug auf die einschlägige Literatur, bevor in Abschnitt E. ein effizientes Lösungsverfahren begründet und präsentiert wird. Abschnitt F. liefert dann die Ergebnisse von Modellrechnungen, die über die Leistungsfähigkeit der Methode sowie die ökonomischen Implikationen Aufschluss geben.

B. Tourenplanung bei verbundener Distribution im Kontext der allgemeinen Tourenplanungsproblematik

Das allgemeine, aus der Literatur durch zahlreiche Veröffentlichungen bekannte Tourenplanungsproblem („Vehicle Routing Problem" (VRP)) (z.B. Domschke und Drexl, 1997) existiert mittlerweile in einer Vielzahl von Varianten, die zum Teil auch die in Abschnitt A. erwähnten Spezialprobleme beachten. Im Fall, dass ein Logistik-Unternehmen mit seinen Fahrzeugen auf jeder Tour beispielsweise sowohl mehrere Be- als auch Entladeaufträge übernimmt, liegt eine Verallgemeinerung des VRP vor, das in der Literatur als „Pickup and Delivery Problem" (PDP) bezeichnet wird (z.B. Savelsbergh und Sol, 1995). Sind darüber hinaus bei der Abholung bzw. bei der Anlieferung der Güter gemäß der Just-in-Time-Philosophie Zeitfenster („Time Windows") zu beachten, so entsteht ein „Pickup and Delivery Problem with Time Windows" (PDPTW) (z.B. Mitrović-Minić, 1998). Dabei wird unterstellt, dass die Aufträge zwar auf einer Tour bzw. mehreren Touren ausgeführt werden müssen, voneinander jedoch unabhängig sind. Unterfälle dieses Problemtyps beziehen sich auf die Gestaltung der Reihenfolgebedingungen, die Einrichtung eines oder mehrerer Fahrzeugdepots oder konkrete Anwendungsbereiche.

Für die Entsorgungslogistik („Reverse Logistics") sind bislang lediglich Erweiterungen der Tourenplanungsproblematik in Bezug auf das ursprüngliche VRP vorgenommen worden. Sie beziehen sich darauf, dass Aufträge als (simultane) Ent- und Beladevorgänge an einer Station definiert werden. Lieferungen aus einem Depot werden also auf einer Tour mit entsprechenden Entsorgungen – beispielsweise der Rückholung von Leergut – kombiniert, um den Transportaufwand zu minimieren. Dieser Problemtyp wird in der Literatur als „Vehicle Routing Problem with Simultaneous Delivery and Pickup“ (VRPSDP) bezeichnet (Min, 1998; Dethloff, 2001; Fleischmann, 2001).

Die hier beschriebene Problematik unterscheidet sich von den verwandten Problemtypen, wie sie in der Literatur dargestellt werden, dadurch, dass die Entsorgung möglichst zeitnah nach der Entstehung von Abfällen erfolgen soll, um die Einrichtung aufwändiger Läger zu vermeiden. Insofern handelt es sich zunächst um eine unmittelbare Erweiterung des PDPTW derart, dass ein an die Logistik-Unternehmung ergehender Auftrag alle Erzeugnisse einer Verbundproduktion („Joint Production“) umfasst. Aus Sicht des Spediteurs lässt sich ein derart komplexer Auftrag als mehrfache Beladung an einer Station bei darauf folgender Entladung an mehreren Stationen kennzeichnen. Die Reihenfolge der Entladungen ist dabei entweder beliebig oder (teilweise) gegeben. Ein solcher Problemtyp lässt sich in Erweiterung der üblichen Notation als „Vehicle Routing Problem with Time Windows and Joint Distribution“ (VRPTWJD) beschreiben.

Im Falle des VRPSDP erfolgt die Entsorgung erst mit der nachfolgenden Lieferung von neuem Material. Damit wird zum einen eine zwischenzeitliche Lagerhaltung der Abfälle erforderlich. Zum anderen wird unterstellt, dass die Abfälle direkt an den Materiallieferanten zur weiteren Verwertung zurückgegeben werden können. Während dies in einigen Fällen durchaus üblich ist, gibt es viele andere Situationen, in denen die Verwertung durch einen dritten Marktteilnehmer möglich bzw. wirtschaftlich ist. Deshalb ist das VRPSDP lediglich als ein Spezialfall der allgemeinen Entsorgungsproblematik im Rahmen der Tourenplanung zu begreifen.

Selbstverständlich ist ein Problem vom Typ „Pickup and Delivery Problem with Time Windows and Joint Distribution“ (PDPTWJD) bei jeder Form einer organisatorisch gekoppelten Produktion denkbar. Werden beispielsweise verschiedene Kundenaufträge zu einem Produktionsauftrag zusammengefasst, so entsteht im Rahmen eines Supply Chain Managements unter Zugrundelegung der Just-in-Time-Philosophie ebenfalls oft der Wunsch nach einer Distributionslösung „aus einer Hand“. Allerdings basiert das Problem in einem solchen Fall auf einer vorangehenden Losgrößenplanung und tritt somit nicht – wie im Fall der technisch bedingten Verbundproduktion – zwangsläufig auf. Hier ist also abzuwägen, ob die Vorteile einer optimalen Losgröße durch Nachteile bei der Lager- bzw. Distributionsplanung evtl. überkompensiert werden.

Gelegentlich entstehen bei der Produktion zwangsläufig mehrere erwünschte Güterarten („Kuppelproduktion i.e.S.“), die an verschiedene Abnehmer geliefert werden. Auch hier ist ein Problem vom Typ m-PDPTWJD („multiple Vehicle Pickup and Delivery Problem with Time Windows and Joint Distribution“) zu beobachten, wenn die beteiligten Unternehmungen beispielsweise Teil eines Logistik-Netzwerkes sind. Derartige Produktionsstrukturen, bei denen mehrere Güterarten in demselben Prozess in nennenswertem Umfang anfallen, sind jedoch einerseits nicht in allen Industrien gleich wahrscheinlich. Andererseits wird gerade bei Zugrundelegung einer Supply Chain bzw. eines Supply Networks die Abgrenzung zur Entsorgungs- bzw. Verwertungsproblematik fließend. In beiden Fällen wird unabhängig davon, ob ein Objekt den Hauptzweck der Produktion darstellt, zunächst die Verwertbarkeit im Rahmen einer dauerhaften Kooperation geprüft, bevor die lediglich Kosten verursachende Beseitigung eingeleitet wird.

C. Mathematische Modellierung

Es sei angenommen, dass ein Spediteur von m Kunden Aufträge erhält. Ein Auftrag besteht jeweils aus einer Beladung sowie einer oder mehreren Entladungen an verschiedenen Stationen. Die zu einer Beladung i gehörenden Entladungen werden durch die Menge N(i) gekennzeichnet. Insgesamt existieren $n > m$ Entladestationen. Jedes Fahrzeug startet von einem zentralen Depot (Station 0) und beendet seine Tour ebenda (Station m+n+1)[1], so dass für die Menge aller Stationen gilt: $M = \{0, 1, ..., m, m+1, ..., m+n+1\}$. Dabei bezeichne P^+ die Menge der Beladestationen, P^- die Menge der Entladestationen mit $P = P^+ \cup P^-$. Mit V wird die Menge der einsetzbaren Fahrzeuge v bezeichnet, deren Ladekapazität jeweils D^v beträgt. Die Fahrzeit zwischen zwei Stationen i und j beträgt t_{ij} Zeiteinheiten, die Servicezeit in Station i s_i Zeiteinheiten. Für den Servicebeginn eines Ladevorgangs an einer Station i existiert ein Zeitfenster $[a_i, b_i]$. Mit l_i wird die Auftragsgröße (Lademenge) an Station $i \in P^+$ bezeichnet (in Anlehnung an Dumas, Desrosiers und Soumis, 1991 und Savelsbergh und Sol, 1995).

Die relevanten Kosten einer Tour sind im Gegensatz zum klassischen PDPTW nicht lediglich entfernungsproportional. So können längere Wege zwar zu längeren Fahrzeiten und damit insbesondere zu höheren Lohnkosten führen, den Energieverbrauch jedoch senken helfen. Sobald ein Fahrzeug auf seine Be- bzw. Entladung wartet, sind neben den Lohnkosten u. U. auch die Kosten der Liegeemissionen (z.B. für Standheizung) anzusetzen. Ökologische Effekte, die nicht nur entfernungsabhängig sind, entstehen auch, wenn Fahrzeuge besser ausgelastet werden und dementsprechend die Staugefahr abnimmt, weil insgesamt weniger Fahrzeuge zum Einsatz gelangen. Demzufolge bezeichnen C_1, C_2 bzw. C_3 die Fahrtkosten, Standkosten bzw. Fahrzeugeinsatzkosten. Mit c_T, c_W bzw. c_V werden der Fahrtkostensatz pro Kilometer, der Standkostensatz pro Zeiteinheit bzw. der Kostensatz für den Einsatz eines einzelnen Fahrzeugs symbolisiert.

Das folgende mathematische Modell orientiert sich zunächst an der Formulierung von Savelsbergh und Sol (1995) mit der allgemeinen Kostenfunktion von Urban (2004) und wird für die beschriebene Problematik entsprechend angepasst. Es enthält drei Variablentypen: Binäre Flussvariablen x_{ijv}, reellwertige Ladungsvariablen y_{iv} sowie ebenfalls reellwertige Zeitvariablen $z_{i(v)}$. Die Flussvariablen bezeichnen, ob ein eingesetztes Fahrzeug v von einer Ladestation i direkt zur Ladestation j fährt. Die Ladungsvariablen geben den jeweils beobachteten Ladezustand in Mengeneinheiten an, die Zeitvariablen beschreiben den Servicebeginn an einer Station i bzw. die Abfahrts- und Ankunftszeit im Depot. Darüber hinaus symbolisiert w_{ij} die Standzeit an einer Station j, sobald ein Fahrzeug von einer Station i kommend in j eintrifft. Die Standzeit setzt sich zusammen aus einer Wartezeit, sofern das Fahrzeug verfrüht eintrifft und mit der Be- bzw. Entladung noch nicht begonnen werden kann, sowie der anschließenden Servicezeit.

Die Modellbeschreibung lautet unter diesen Annahmen:

(1) $$\text{Minimiere}\, C = \sum_{v\in V} \sum_{i\in M} \sum_{j\in M} c_T\, x_{ijv} + \sum_{v\in V} \sum_{i\in M} \sum_{j\in M} c_W\, w_{ij}\, x_{ijv} + \sum_{v\in V} \sum_{j\in P^+} c_V\, x_{0jv},$$

wobei die folgenden Nebenbedingungen erfüllt sein müssen:

(2) $$\sum_{v\in V} \sum_{j\in P} x_{ijv} = 1 \;, \forall\; i\in P^+$$

(3) $\sum_{j\in M} x_{ijv} - \sum_{j\in M} x_{jiv} = 0 \;,\; \forall\; i\in P,\, v\in V$

(4) $\sum_{j\in P^+} x_{0jv} \leq 1 \;,\forall\; v\in V$

(5) $\sum_{i\in P^-} x_{i,m+n+1,v} \leq 1 \;,\; \forall\; v\in V$

(6) $\sum_{j\in P} x_{ijv} - \sum_{j\in P} x_{jkv} \leq 0 \;,\; \forall i\in P^+ \;,\; k\in N(i) \;,\; v\in V$

(7) $z_i + s_i + t_{ik} \leq z_k \;,\; \forall\; i\in P^+ \;,\; k\in N(i)$

(8) $\exists\; v\in V$ mit $x_{ijv} = 1 \Rightarrow z_i + s_i + t_{ij} \leq z_j \;,\; \forall\; i,j\in P$

(9) $\exists\; v\in V$ mit $x_{0jv} = 1 \Rightarrow z_{0v} + t_{0j} \leq z_j \;,\; \forall\; j\in P^+$

(10) $\exists\; v\in V$ mit $x_{i,m+n+1,v} = 1 \Rightarrow z_i + s_i + t_{i,m+n+1} \leq z_{m+n+1,v} \;,\; \forall\; i\in P^-$

(11) $a_i \leq z_i \leq b_i \;,\; \forall\; i\in P$

(12) $a_i \leq z_{iv} \leq b_i \;,\; \forall\; i\in M \setminus P \;,\; v\in V$

(13) $w_{ij} = \min(s_j, a_j - z_i - s_i - t_{ij} + s_j) \;,\; \forall\; i,j\in P$

(14) $l_i = \sum_{k\in N(i)} l_k \;,\; \forall\; i\in P^+$

(15) $x_{ijv} = 1 \Rightarrow y_{iv} + l_j = y_{jv} \;,\; \forall\; i\in P \;,\; j\in P^+ \;,\; v\in V$

(16) $x_{ijv} = 1 \Rightarrow y_{iv} - l_j = y_{jv} \;,\; \forall\; i\in P \;,\; j\in P^- \;,\; v\in V$

(17) $x_{0jv} = 1 \Rightarrow y_{0v} + l_j = y_{jv} \;,\; \forall\; j\in P^+ \;,\; v\in V$

(18) $y_{0v} = 0 \;,\; \forall\; v\in V$

(19) $l_i \leq y_{iv} \leq D^v \;,\; \forall\; i\in P^+ \;,\; v\in V$

(20) $x_{ijv} \in \{0,1\} \;,\; \forall\; i,j\in M \;,\; v\in V\,.$

Die Bedingungen (2) bis (6) charakterisieren die Flussbedingungen, die sicherstellen, dass die Stationen von genau einem Fahrzeug erreicht werden ((2)), die Fahrzeuge anschließend die Stationen wieder verlassen ((3)), jedem Fahrzeug eine erste sowie letzte Station auf seiner Tour zugeordnet ist, sofern es überhaupt eingesetzt wird ((4) und (5)) und außerdem jeder Beladung während einer Tour mindestens eine entsprechende Entladung folgt ((6)). Jeder Auftrag kann als eine Anzahl von Teilaufträgen interpretiert werden, die der Anzahl der Entladungen von Gütern und Abfällen, die aus einer Station aufgenommen wurden, an verschiedenen Stationen entspricht. Insofern verlangt (6) nicht, dass der gesamte Auftrag während einer Tour abgewickelt wird. Vielmehr kann es technisch oder organisatorisch erforderlich sein, dass ein Auftrag auf verschiedene Fahrzeuge verteilt wird. (7) definiert die auftragsbezogenen Reihenfolgebedingungen, wonach eine Entladung erst im Anschluss an die zugehörige Beladung geschehen kann. (8) bis (10) stellen die Beziehungen zwischen den Tourenelementen („Routing") und den daraus folgenden Zeitschranken („Scheduling") her. In (11) und (12) sind die Zeitfenster für die einzelnen Stationen erfasst. Mit (13) wird der Zusammenhang zwischen den Service- und Standzeiten beschrieben. Die Bedingungen (14) bis (19) beziehen sich auf die Ladungsvariablen. (14) beschreibt die Bilanzgleichung für jeden Auftrag, d.h. es gibt keine Ladeverluste. Mit (15) bis (17) wird der Ladezustand der Fahrzeuge jeweils nach erfolgten Be- bzw. Entladungen fortgeschrieben, wobei mit (18) davon ausgegangen wird, dass das Fahrzeug das Depot in einem leeren Zustand verlässt. (19) definiert die unteren und oberen Grenzen für den jeweiligen Ladezustand.

D. Lösungsansätze

Das im vorangegangenen Abschnitt beschriebene Problem ist eine direkte Erweiterung des m-PDPTW, für das zahlreiche Lösungsvorschläge vorliegen (Mitrović-Minić, 1998). Es unterscheidet sich vom m-PDPTW durch die komplexere Auftragsstruktur sowie die allgemeine Zielsetzung. Außerdem besteht beim m-PDPTW jeder Auftrag lediglich aus einer Be- sowie einer Entladung. Wäre es möglich, einen Auftrag des m-PDPTWJD in mehrere Teilaufträge des m-PDPTW dadurch zu entkoppeln, dass zwar weiterhin ein Auftraggeber existiert, der jedoch mehrere unabhängige Aufträge mit einfachen Be- und Entladungen vergibt, so würde die Auftragsanzahl auf n anwachsen mit $N(i) = \{n+i\}$, $i = 1, ..., n$.

Damit erhält man eine Formulierung als klassisches m-PDPTW. Eine solche Entkopplung ist möglich und auch sinnvoll, wenn beispielsweise Abfälle mit Spezialfahrzeugen zu entsorgen sind. Diese Aufträge sind dann grundsätzlich einer anderen Tour zuordenbar. Eine lose Kopplung kann dadurch erhalten bleiben, dass die Zeitfenster für die Servicezeiten in Bezug auf die Beladung für alle Aufträge, die sich auf dieselbe Beladestation bzw. Produktion beziehen, identisch festgelegt werden. Eine stärkere Entkopplung ist dann denkbar, wenn im vorangehenden Kuppelproduktionsprozess mehrere erwünschte Güter entstehen, die an verschiedene Kunden auszuliefern sind. Die Zeitfenster für die Servicezeit bei der Beladung könnten entsprechend der Just-in-Time-Anforderung der Kunden unterschiedlich definiert werden, so dass ggf. die Verteilung der Aufträge auf mehrere Touren möglich, aber nicht unbedingt erforderlich ist. In dem in Abschnitt C. beschriebenen Modell ist eine mittlere Kopplung zugrunde gelegt. Die Zeitfenster sind für jeden Auftrag einheitlich gegeben, also lieferantenseitig festgelegt. Ob Hauptprodukte und Abfälle mit einem oder mehreren Fahrzeugen transportiert werden, wird hingegen anhand der zu optimierenden Zielfunktion entschieden.

Das m-PDPTW ist im Sinne der Komplexitätstheorie NP-schwierig (Dethloff, 1994). Da das m-PDPTWJD als eine Verallgemeinerung des m-PDPTW aufgefasst werden kann, erfüllt es denselben Tatbestand. So ist es naheliegend, die Suche nach einer geeigneten Lösungsmethode auf heuristische Algorithmen zu konzentrieren (Thompson und Psaraftis, 1993; Toth und Vigo, 1997 u.a.). Wegen der ähnlichen Problemstruktur spielen in diesen Überlegungen vor allem solche Heuristiken eine Rolle, die sich bereits bei der Lösung des m-PDPTW bewährt haben. Offenbar kommen Dekompositionsverfahren (Sexton und Bodin, 1985; Dumas, Desrosiers und Soumis, 1991 u.a.) infolge der gegenüber dem klassischen m-PDPTW tendenziell stärkeren Vernetzung der Aufträge weniger in Betracht als Einfügeverfahren, bei denen Aufträge in eine bestehende Tour sukzessiv eingefügt werden. Liegt nämlich bereits ein Tourelement fest, so ergeben sich oft auf nahe liegende Weise andere Tourelemente, die zu demselben Auftrag gehören.

Da robuste Einfügeheuristiken, die auch bei größeren Problemen in angemessener Zeit eine akzeptable Lösung ergeben sollen, bei der vorliegenden schwierigen Problemstruktur häufig in einem lokalen Optimum verharren, lässt sich die Lösungsqualität u.U. dadurch erheblich verbessern, dass das Verfahren nicht nur um einen Verbesserungsalgorithmus ergänzt wird, sondern vor allem in eine sog. Metaheuristik eingebettet wird (Reeves, 1995 u.a.). Zu den bekanntesten Metaheuristiken zählen die lokalen Suchverfahren, wie z.B. Simulated Annealing, Tabu Search und genetische Algorithmen. Diese Verfahren bieten die Chance, lokale Optima dadurch zu überwinden, dass sie „weitsichtig“ sind und temporäre Verschlechterungen des Zielfunktionswerts in der Umgebung des bisher gefundenen Optimums zulassen. Bei der Anwendung verschiedener lokaler Suchverfahren auf das dem PDPTW verwandte Travelling Salesman Problem (TSP) hat sich gezeigt, dass die Methode des Simulated Annealing in aller Regel mit die besten Ergebnisse erzeugt (Wendt, 1995; Osman und Laporte, 1996; Sotskov, Tautenhahn und Werner, 1996). Aus diesem Grund wird im Folgenden eine Metaheuristik auf der Basis der Methode des Simulated Annealing entwickelt, die mit vom Suchverlauf abhängigen Einfüge- und Vertauschungsmechanismen arbeitet.

E. Ein metaheuristischer Lösungsansatz

In diesem Abschnitt wird ein heuristisches Verfahren vorgestellt, mit dem der gegebenen, komplexen Problemstellung Rechnung getragen und ein Kompromiss zwischen den im vorliegenden Fall nicht mehr praktikablen exakten Lösungsalgorithmen sowie einer Vielzahl von einfachen Heuristiken angestrebt wird. Der Verfahrenstyp wird erstmals in Urban (2004) präsentiert und hier entsprechend den veränderten Modellprämissen modifiziert. Ausgangspunkt des Verfahrens sind sog. Ein-Auftrags-Touren („Dreieckstouren“), die darin bestehen, dass für jeden (Teil-)Auftrag $i = 1, ..., n$ eine eigene Tour eingerichtet wird, bei der die in Station i geladenen Objekte anschließend sukzessiv wieder bei einer Station $k \in N(i)$ entladen werden, bevor das jeweilige Fahrzeug ins Depot zurückkehrt. Die so gefundene Lösung wird anschließend dadurch zu verbessern versucht, dass die Nachbarschaft dieser Lösung nach kostengünstigeren Lösungen abgesucht wird. Zur Eingrenzung der Nachbarschaft werden Kriterien formuliert, mit denen festgelegt wird, welche Aufträge von einer Tour in eine andere Tour eingefügt werden (Einfügeregel), welche Aufträge zwischen zwei Touren ausgetauscht werden (Vertauschungsregel) sowie welche Tourelemente innerhalb einer Tour eine neue Position erhalten (Repositionierungsregel).

Damit die Suche nach der optimalen Lösung nicht nach dem Auffinden eines lokalen Optimums abbricht, werden im Rahmen der Verbesserungsprozedur temporär auch Verschlechterungen der zuvor bereits gefundenen Lösungen akzeptiert, wenn dadurch „Täler“ durchschritten werden, die danach wieder bessere Lösungen erwarten lassen. Für die Akzeptanz solcher „schlechteren“ Nachbarschaftslösungen wird gemäß des „Simulated Annealing“-Prinzips ein Akzeptanzkriterium angewandt, das die Zulässigkeit von schlechteren Lösungen im Verlaufe des iterativen Algorithmus zunehmend einschränkt.

Nachbarschaftsfunktion und Routing

Die Nachbarschaft einer einmal gefundenen Lösung X wird dadurch erzeugt, dass einzelne Tourparameter verändert werden. Das hier präsentierte Verfahren unterscheidet zwischen drei Regeln zur Erzeugung einer Nachbarschaftslösung:

Einfügeregel („Insertion Rule“): Ein zu einer Tour r gehörender Auftrag $i \in r$ wird zufällig ausgewählt, um anschließend in eine Tour r' eingefügt zu werden. Als Einfügekriterium dient die räumliche Nähe zu den übrigen Elementen der Tour r'. Bezeichne zunächst d_{ij} die normierte Distanz zwischen zwei Aufträgen i und j, die angibt, wie groß die Entfernung eines Auftrags $i \in r$ zu einem Auftrag $j \notin r$ im Verhältnis zur analog ermittelten Entfernungssumme von $i \in r$ zu allen Aufträgen $j \notin r$ ist.[2] Je geringer d_{ij} ist, desto dichter liegen die Aufträge i und j beieinander. Dementsprechend gibt

(21) $$d_{r'}(i) = \sum_{j \in r'} d_{ij}$$

an, wie eng Auftrag $i \notin r'$ mit den Aufträgen einer Tour r' „verwandt“ ist bzw. welche räumliche Distanz i zu den Aufträgen $j \in r'$ insgesamt besitzt. Die Einfügung von i in Tour r' erfolgt deshalb mit der Wahrscheinlichkeit

(22) $$pert_{r'}(i) = \frac{1/d_{r'}(i)}{\sum_{r' \in R \setminus \{r\}} 1/d_{r'}(i)} .$$

R bezeichnet die Menge aller geplanten Touren. Die Tour r' wird dabei mit Hilfe der „Roulette Wheel Selection“ (Goldberg, 1989) durch Zufallsauswahl bestimmt, wobei die Kreissegmente der verschiedenen in Betracht kommenden Touren r' nach (22) in unterschiedlicher Größe konstruiert werden.

Die Positionierung der einzelnen Be- und Entladestationen von Auftrag i in Tour r' ergibt sich im Wesentlichen durch die nach (11) vorgegebenen Zeitfenster. Für die Entsorgung von Abfällen ist es wünschenswert, dass die Abholung der Abfälle zum frühestmöglichen Zeitpunkt erfolgt. Für den frühesten Entladetermin α_k folgt somit

(23) $$a_i + s_i + t_{ik} = \alpha_k, \text{mit } k \in N(i).$$

Vergleicht man nun die frühesten Be- bzw. Entladetermine a_i bzw. α_k mit den analog bestimmten Be- und Entladezeitpunkten für alle weiteren Aufträge, die bereits in Tour r' eingeplant waren, und ordnet man diese Werte in aufsteigender Reihenfolge, so ergeben sich die Positionen der neuen Tour.

Vertauschungsregel („Exchange Rule"): Die Vertauschungsregel stellt eine Alternative zur Einfügeregel dar, sobald die Ladekapazitäten erreicht sind und Einfügungen deshalb verstärkt zu Unzulässigkeiten führen. Nachdem ein Auftrag $i \in r$ zufällig ausgewählt wurde, wird ein Auftrag $j \in r' \in R \setminus \{r\}$ bestimmt. Beide Aufträge werden anschließend vertauscht, d.h. der jeweils anderen Tour zugeordnet. Für die Vertauschung werden wiederum verwandte Aufträge mit beieinander liegenden Be- bzw. Entladestationen i, j ausgewählt, da es sich prinzipiell um einen doppelten Einfügeprozess handelt. Insofern gilt dieselbe Argumentation wie bei der Einfügeregel. Die Auswahlwahrscheinlichkeit für einen Auftrag $j \in r'$, der mit Auftrag $i \in r$ zu vertauschen ist, lautet entsprechend:

$$(24) \quad pert_j(i) = \frac{1/d_{ij}}{\sum_{j \notin r} 1/d_{ij}}.^{3}$$

Die Einordnung der jeweiligen Auftragselemente in die neue Tour erfolgt ebenfalls analog anhand von (23).

Repositionierungsregel („Repositioning Rule"): Während sowohl bei der Einfüge- als auch bei der Vertauschungsregel vollständige Aufträge betrachtet werden, bei denen die internen Positionen darüber hinaus nicht verändert werden, wird mit dieser Regel eine Nachbarschaft erzeugt, bei der in erster Linie auf die Reihenfolge der Tourelemente abgestimmt wird, ohne die Anzahl der Elemente in einer Tour zu verändern. Zulässig ist jede paarweise Vertauschung eines Auftragselements mit seinem Vorgänger bzw. Nachfolger in der Tour, soweit die Bedingungen (7) eingehalten werden, d.h. Beladungen stets vor Entladungen eines Auftrags erfolgen. Bei der Anwendung der Regel wird durch Zufallsauswahl ein Tourelement $i \in r$ einer Tour r bestimmt, das anschließend mit seinem Nachfolger vertauscht wird.[4]

Für die Anwendung der Einfügeregel wird folgende Wahrscheinlichkeit festgelegt:

$$(25) \quad p_{ins} = \begin{cases} \max(|R|/n, \gamma_1), & |R| > 1 \\ 0 & , |R| = 1. \end{cases}$$

Solange nur Dreieckstouren existieren, wird demnach lediglich die Einfügeregel angewandt. Die Bedeutung der Regel nimmt mit zunehmender Bündelung der Aufträge ab.[5] Ist die Einfügeregel ausgewählt worden, so sollen vorzugsweise solche Aufträge $i \in r$ eingefügt werden, die bislang in einer Dreieckstour erledigt werden. Damit sollen die Fahrzeugeinsatzkosten möglichst schnell reduziert werden. Für die entsprechende Eingrenzung der Einfügeregel wird folgende zusätzliche Wahrscheinlichkeit definiert:

$$(26) \quad p_{ins}^{R'} = \begin{cases} \max(|R'|/|R|, \gamma_2), & |R'| > 0 \\ 0 & , |R'| = 0. \end{cases}$$

R' bezeichnet die Menge der Dreieckstouren. Für die Anwendung der Vertauschungsregel gilt folgende Wahrscheinlichkeit:

$$(27) \quad p_{ex} = \begin{cases} \gamma_3 \,(1-p_{ins})\,, & |R| > 1 \\ 0 & , |R| = 1. \end{cases}$$

Ähnlich gilt für die Anwendung der Repositionierungsregel die Wahrscheinlichkeit:

$$(28) \quad p_{re} = \begin{cases} (1-\gamma_3)\,(1-p_{ins})\,, & |R| > 1 \\ 1 & , |R| = 1. \end{cases}$$

Vertauschungs- bzw. Repositionierungsregel kommen zur Anwendung, wenn die Einfügeregel nicht eingesetzt wird. Der Parameter γ_3, $0 < \gamma_3 \leq 1$, gibt dabei die Gewichtung der beiden Regeln an. Sobald nur noch ein Fahrzeug im Einsatz ist, kann lediglich die Repositionierungsregel angewandt werden.

Scheduling

Für die Bestimmung der Standkosten nach (1) ist es maßgeblich, wann genau die Be- und Entladungen einer Tour vorgenommen werden. Da sich die Just-in-Time-Idee bei der vorliegenden Verbundproduktion vor allem auf die Beladestationen bezieht, ist es naheliegend, zunächst eine frühestmögliche Beladung der Fahrzeuge mit den Gütern und Abfällen anzustreben. Durch Vorwärtsterminierung lässt sich der früheste Servicebeginn an einer Station j folgendermaßen berechnen:

$$(29) \quad z_j = \max\,(z_i + s_i + t_{ij}\,,\, a_j), \;\; \forall i,j \in r\,,\, \exists v \in V \text{ mit } x_{ijv} = 1.$$

Daraus folgt die Standzeit w_{ij} gemäß (13). Ablaufbedingten Standzeiten, die infolge dieser frühestmöglichen Einlastung der Aufträge an Folgestationen entstehen, kann dadurch entgegengewirkt werden, dass die letzte Station, an der eine ablaufbedingte Standzeit entsteht, als Engpassstation $\bar{j}$ behandelt wird. Ausgehend von $\bar{j}$ wird in einer zweiten Phase versucht, die Standzeiten durch Rückwärtsterminierung weitestgehend zu reduzieren:

$$(30) \quad z_i = \min\,(z_j - t_{ij} - s_i\,,\, b_i)\,,\;\; \forall i,j \in r\,,\, f_r\,(i) < f_r(\bar{j})\,,\; \exists v \in V \text{ mit } x_{ijv} = 1,$$

wobei f_r (i) die Position des Tourelements i in Tour r angibt. Mit Anwendung von (30) lassen sich ablaufbedingte Standzeiten zwar reduzieren, im Allgemeinen jedoch nicht ganz verhindern.

Akzeptanzkriterien

Für eine in der Nachbarschaft von X gefundene Nachbarlösung Y gelten nun folgende Überlegungen:

Führen die Berechnungen der Ausführungszeiten nach (29) bzw. (30) zu Verletzungen der vorgegebenen Zeitschranken (11), so ist die gefundene Lösung unzulässig. Unzulässige Lösungen werden üblicherweise nicht weiter verfolgt. Da Optimallösungen bei der vorliegenden Problemstruktur allerdings häufig am Rand des Lösungsraums liegen, werden unzulässige Nachbarlösungen zunächst nicht von weiteren Überlegungen ausgeschlossen, solange sie keine Optimallösung darstellen (vgl. auch Dankert, 1995). Damit bleibt die Möglichkeit erhalten, von solchen Nachbarlösungen auf einfacherem Wege lokale Optima zu überwinden bzw. die Optimallösung zu finden. Damit die Lösungen aber auf keinen Fall Optima darstellen können, werden sie mit ausreichend hohen Strafkosten C_{pen} belegt.[6]

Zur generellen Akzeptanz einer Nachbarlösung Y wird die Zielfunktion (1) herangezogen, die ggf. um den Strafkostenterm C_{pen} zu erweitern ist. Der Idee des Simulated Annealing folgend wird dabei mit einer bestimmten Annahmewahrscheinlichkeit $e^{-\Delta C/T}$ auch eine schlechtere Nachbarlösung mit

$$(31) \quad \Delta C = C_Y - C_X > 0$$

akzeptiert.

Die Wahrscheinlichkeit, eine nach (31) eintretende Lösungsverschlechterung zeitweilig hinzunehmen, hängt maßgeblich von dem Steuerungsparameter T ab. Dieser Parameter nimmt im Verlauf des Verfahrens mit zunehmender Lösungsgüte kontinuierlich ab. Damit sinkt zugleich die Wahrscheinlichkeit, schlechtere Lösungen noch zu akzeptieren. Da der Lösungsraum beim PDPTWJD von vornherein nicht auffällig strukturiert ist, soll der homogene Algorithmus Anwendung finden, bei dem ein Steuerungsparameter T_s über mehrere Iterationen hinweg so lange konstant bleibt, bis ein stationärer Gleichgewichtszustand erreicht ist (van Laarhoven und Aarts, 1992). Anschließend wird für die nachfolgende Verfahrensstufe s ein neuer Parameter festgelegt. Die nächste Verfahrensstufe s startet vom letzten Optimum aus.

Die Reduzierung des Steuerungsparameters („Abkühlung“) sowie die Festlegung des Startwertes T_0 erfolgen in Anlehnung an einen Vorschlag von Aarts und van Laarhoven (1985). Ihnen liegt die Annahme zugrunde, dass die Zielfunktionswerte C über den gesamten Lösungsraum normalverteilt sind.[7] Danach gilt zunächst

$$(32) \quad T_0 = \Delta\overline{C}\left[\ln\frac{u_1}{u_1 p_0 - u_2(1-p_0)}\right]^{-1}.$$

In (32) beschreiben $\Delta\overline{C}$ die durchschnittliche Verschlechterung des Zielfunktionswertes (1), u_1 bzw. u_2 die Anzahl der Iterationen mit (u_1) bzw. ohne (u_2) Verschlechterung des Zielfunktionswertes sowie p_0 den Startwert für die Annahmewahrscheinlichkeit.[8] Um $\Delta\overline{C}$, u_1 und u_2 zu bestimmen, ist eine entsprechende Vorstudie erforderlich, die über die Struktur des Lösungsraums Auskunft gibt. Beim PDPTWJD wird u.U. recht schnell eine gute Lösung erzeugt, wenn die Fahrzeugkapazitäten relativ gering sind, eine Bündelung der Touren also nur noch begrenzt möglich ist. Eine ohne weitere Erklärungen plausible Bündelung ergibt sich häufig dadurch, dass solche Teilaufträge in einer Tour zusammengefasst werden, bei denen die Beladung des Lkw mit Gütern bzw. Abfällen an einer Station erfolgt. Dementsprechend könnte der Startwert des Steuerungsparameters gemäß (32) bereits recht niedrig angesetzt werden. Dies wäre der Abkürzung des eigentlichen Verfahrens dienlich. Hingegen weist das PDPTWJD gelegentlich auch ein hohes Verbesserungspotential auf, wenn den Beladestationen eine Vielzahl von Entladestationen gegenübersteht, die keinen weiteren Routing-Restriktionen unterliegen und dementsprechend noch in eine optimale Reihenfolge zu bringen sind. Lediglich das Just-in-Time-Prinzip mit den engen Zeitfenstern schränkt die gewonnenen Freiheitsgrade ein. Insofern ist ohne eine aufwändige Vorstudie grundsätzlich von einem hohen Startwert T_0 auszugehen.

Für den Kühlplan gilt

$$(33) \quad T_{s+1} = T_s \left[1 + \frac{\ln(1+\delta)\, T_s}{3\,\sigma(T_s)} \right]^{-1},$$

wobei $\sigma(T_s)$ die Standardabweichung der Zielfunktionswerte (1) bei Gültigkeit des Steuerungsparameters T_s bezeichnet. $\delta \geq 0$ definiert einen Distanzparameter, der den Abstand zwischen den stationären Verteilungen der Zielfunktionswerte bei zwei aufeinander folgenden Iterationsstufen beschreibt (vgl. zur Herleitung van Laarhoven und Aarts, 1992). Der Kühlplan (33) sieht vor, dass die Steuerungsparameter umso weniger abgesenkt werden, je mehr noch auf der vorangegangenen Iterationsstufe eine starke Streuung der Zielfunktionswerte beobachtet wurde.

Nach (33) wird die Annahmewahrscheinlichkeit $T_s = 0$ zu keinem Zeitpunkt erreicht. Ein natürliches Abbruchkriterium für den Algorithmus existiert daher nicht. Ein robustes, wenig aufwändiges Kriterium besteht darin, dass die optimalen Lösungen C*(s) sowie C*(s+1) zweier aufeinander folgender Verfahrensstufen s bzw. s+1 miteinander verglichen werden. Sobald über mehrere Stufen eine Verbesserung des Zielfunktionswertes nicht mehr festgestellt werden kann, endet das Verfahren mit der zuletzt gefundenen optimalen Lösung. Das Kriterium entspricht dem Just-in-Time-Prinzip insofern, als es die Dynamik einer laufend anzupassenden Problemstellung berücksichtigt. Beim PDPTWJD kann es ohnehin in kurzen Abständen aus verschiedenen Gründen zu Auftragsveränderungen kommen, die eine hohe Flexibilität bei der Lösungssuche erfordern. Durch die Beschränkung der Rechenzeit wird in hohem Maße gewährleistet, dass es nicht zu einem (anomalen) Abbruch der Lösungssuche kommt, so dass selbst bei Anpassungen des Auftragsbestands die gefundene Optimallösung für eine weitere Analyse bzw. Modifikation zur Verfügung steht.

F. Empirische Untersuchung

Die Eigenschaften des vorgeschlagenen Lösungsansatzes wurden für verschiedene Probleminstanzen getestet. Das Verfahren wurde dazu in Visual Basic 6.0 implementiert. Die anschließenden Testläufe wurden auf einem Pentium III/1 GHz Prozessor durchgeführt.

Erzeugung der Probleminstanzen

Bei allen Testläufen wurden 30 Aufträge zugrunde gelegt. Darüber hinaus wurden zwei Szenarien unterschieden, die unterschiedliche Zeitfensterbreiten W aufweisen: Im ersten Fall ist die Zeitfensterbreite mit 60 Minuten recht gering, im zweiten Fall beträgt sie 120 Minuten für jede Be- und Entladestation. Die Zeitfenster wurden so konstruiert, dass die Zeitfensterbreite W zum frühesten Beladezeitpunkt a_i addiert wird, so dass sich der späteste Be- bzw. Entladezeitpunkt für eine Station beim Tourelement i zu a_i + W ergibt. Es wurde angenommen, dass ein homogener Fuhrpark existiert, so dass die Ladekapazitäten D^v für alle Fahrzeuge konstant sind. Die Servicezeiten wurden in Abhängigkeit der Ladungen sowie der Ladekapazitäten eines Fahrzeugs folgendermaßen festgelegt:

(34) $s_i = 5 + 25(l_i / D^v)$ (vgl. auch Dumas, Desrosiers und Soumis, 1991).

Die Kosten wurden anhand der Baugeräteliste des Hauptverbands der deutschen Bauindustrie sowie unter Annahme von aktuellen Kostensätzen kalkuliert. Dabei wurden entsprechend der Zielfunktion (1), jedoch in anderer Aufteilung und ohne Erfassung direkter Emissionskosten, die lohnunabhängigen Fahrtkosten

$$(35) \quad C_1 = \sum_{i,j \in M} \sum_{v \in V} 0{,}8 d_{ij} \left[15{,}8 + (34{,}0 - 15{,}8) \frac{y_{iv}}{D^v} \right] x_{ijv} ,$$

die lohnbezogenen kalkulatorischen Betriebskosten

$$(36) \quad C_2 = \sum_{v \in V} 0{,}804 \, (z_{m+n+1,v} - z_{0v})$$

sowie die Fahrzeugeinsatzkosten

$$(37) \quad C_3 = \sum_{v \in V} \sum_{j \in P^+} 216{,}39 \, x_{0jv}$$

berücksichtigt. In (35) wird der Fahrtkostensatz mit 0,80 €/l angenommen. Der Betriebsstoffverbrauch bei Leerfahrt liegt bei 15,8 l/100 km, unter Vollast hingegen bei 34 l/100 km. Bei mittlerer Last wird eine lineare Interpolation vorgenommen. In (36) wird ein Lohnkostensatz mit 0,804 €/min. zugrunde gelegt. In (37) wird unterstellt, dass der Tagessatz eines Fahrzeuges unabhängig von der Dauer des Fahrzeugeinsatzes bei 216,39 € liegt. Er setzt sich aus allen lohnunabhängigen Betriebskosten, also vor allem den Abschreibungen, Verzinsungen sowie den Reparaturkosten zusammen.

Für die einzelnen Probleminstanzen (Testläufe) zu einem Szenario wurden zuvor 100 Punkte eines Quadrats mit der Seitenlänge 100 zufällig bestimmt. Aus ihnen wurden jeweils 30 Aufträge generiert. Jeder Beladestation eines Auftrags wurden dabei zwei oder drei Entladestationen in zufälliger Auswahl zugeordnet. Die Lademengen sind im Intervall [5, 20] gleich verteilt (vgl. zu diesem Vorgehen auch Sol, 1994; Dethloff, 2001). Dabei wurde angenommen, dass von den Abfallarten jeweils eine Einheit geladen wird. Die verbleibende Menge entspricht dem Volumen des Hauptprodukts.

Zur Initialisierung des Kühlplans wurde die Annahmewahrscheinlichkeit $p_0 = 0{,}99$ gewählt. Der Stichprobenumfang für die Bestimmung der übrigen Parameter in (32) wurde mit 2n festgelegt. Für den Distanzparameter gilt $\delta = 0{,}05$. Auf jeder Verfahrensstufe s werden mindestens 2n Iterationen durchgeführt. Die Lösung für eine Probleminstanz gilt als erreicht, wenn eine einmal erzielte Lösung nach weiteren 4n Verfahrensstufen nicht verbessert wurde.

Die Lösungsgüte des Verfahrens hängt grundsätzlich davon ab, wie die Wahrscheinlichkeiten p_{ins}, $p_{ins}^{R'}$, p_{ex} bzw. p_{re} bzw. die Parameter γ_1, γ_2 und γ_3, spezifiziert werden. Hierzu wurden folgende Unterscheidungen getroffen: 1-0 ($\gamma_1 = 1$, $\gamma_2 = 0{,}1$), 0.5-0.5 ($\gamma_1 = 0{,}5$, $\gamma_2 = 0{,}1$, $\gamma_3 = 0{,}5$), 0.5-0.9 ($\gamma_1 = 0{,}5$, $\gamma_2 = 0{,}1$, $\gamma_3 = 0{,}9$). Während bei Algorithmus 1-0 ausschließlich die Einfügeregel Anwendung findet, kommen bei den Algorithmen 0.5-0.5 und 0.5-0.9 auch die Vertauschungs- sowie die Repositionierungsregel zum Einsatz. In Algorithmus 0.5-0.5 erhält die Repositionierungsregel von vornherein ein recht hohes Gewicht. Die unterschiedliche Festlegung der Parameter spiegelt zugleich die Bedeutung von Zuordnungs- und Reihenfolgeproblem wider. Bei den Algorithmen 1-0 und 0.5-0.9 steht das Zuordnungsproblem zu Beginn des Algorithmus eindeutig im Vordergrund. Bei Algorithmus 0.5-0.5 erhält das Reihenfolgeproblem bereits in den ersten Iterationen ein hohes Gewicht. Dies lässt sich vor allem dann rechtfertigen, wenn bei geringen Tourenkapazitäten und großen Aufträgen bereits frühzeitig eine natürliche, fast optimale Tourenzuordnung vorliegt.

Für jedes Szenario wurden 10 Probleminstanzen zufällig erzeugt, für die anschließend die Lösungen unter Beachtung der verschiedenen Algorithmen 1-0, 0.5-0.5 und 0.5-0.9 mit Hilfe des Simulated Annealing-Algorithmus berechnet werden.

Simulationsergebnisse

Die numerischen Rechnungen zeigen, dass der Algorithmus 1-0 mit ausschließlicher Anwendung der Einfügeregel für alle betrachteten Problemklassen zunächst die (schlechtesten) Basisergebnisse liefert, die durch Ergänzung der Einfügeregel um eine Vertauschungs- sowie eine Repositionierungsregel verbessert werden können. Die Verbesserungspotentiale sind dabei mit ca. 1,3% (bei Algorithmus 0.5-0.5) bzw. max. 2,1% (bei Algorithmus 0.5-0.9) relativ eng begrenzt. Die besten Ergebnisse werden erzielt, wenn neben der Einfügeregel in etwa gleichem Umfang die Vertauschungsregel angewendet wird, die Repositionierungsregel hingegen mit einer Einsatzwahrscheinlichkeit von 10% lediglich eine Randbedeutung erhält. Bei weiten Zeitfenstern, also den Problemklassen 120/2 bzw. 120/3 lassen sich die Kosten weniger stark reduzieren (um bis zu 1,3%) als bei engen Zeitfenstern (die Problemklassen 60/2 bzw. 60/3), mit denen die Zielfunktionswerte durchschnittlich um bis zu 2,1% sinken.

Die Kosteneinsparungen, die durch die komplexe Kombination von Einfüge-, Vertauschungs- und Repositionierungsregel entstehen, sind auch unter dem Gesichtspunkt der Rechenzeit zu würdigen. So nimmt die Rechenzeit von Regel 0.5-0.9 gegenüber Regel 1-0 um durchschnittlich ca. 20% zu. Bei den durchgeführten Berechnungen ist ein recht langsamer Abkühlungsprozess gewählt worden. Eine schnellere Abkühlung, die natürlich mit Qualitätsverlusten bei den Ergebnissen einhergeht, kann die Rechenzeit auf einen Bruchteil der in Tabelle 1 dargestellten CPU-Sekunden reduzieren.

Einfache Einfügeheuristiken unterliegen oft der Kritik, dass sie zwar schnell sind, aber die gefundenen Lösungen noch zu weit vom Optimum entfernt sind (vgl. z.B. Caseau und Laburthe 1999). Sie werden deshalb häufig um Verbesserungsheuristiken ergänzt. Dies können lokale Suchverfahren, wie z.B. der Einsatz von Vertauschungs- oder Repositionierungsregeln, oder Metaheuristiken, wie z.B. Tabu Search-Verfahren oder Verfahren des Simulated Annealing, sein. Bei der vorliegenden Problemstruktur zeigt sich, dass die angewandte Einfügeheuristik durch die Anpassungsdynamik sowie den Prozess des Simulated Annealing bereits so gut ausgestattet ist, dass klassische Verbesserungsverfahren die Ergebnisqualität auch dann nur noch unwesentlich heraufsetzen können, wenn sie bereits frühzeitig – d.h. nicht erst nach Abschluss der Einfügeprozedur – Anwendung finden.

Tab. 1: Numerische Ergebnisse

Algorithmus	1-0				0.5-0.5				0.5-0.9			
Instanz	C	|V|	|R'|	CPU	C	|V|	|R'|	CPU	C	|V|	|R'|	CPU
60/2-1	9336	12,2	1,1	245	9295	12,2	1,0	276	9280	12,3	1,0	298
60/2-2	7740	10,0	0,6	239	7859	10,4	0,9	290	7869	10,4	0,9	269
60/2-3	11075	17,2	5,9	176	10511	16,5	4,8	284	10374	16,2	4,7	298
60/2-4	7415	8,9	0,1	241	7752	9,8	0,2	249	7513	9,4	0,3	256
60/2-5	7663	10,0	0,2	239	7567	10,0	0,1	263	7576	9,9	0,3	272
60/2-6	7112	10,2	0,3	229	7134	10,3	0,4	258	7057	10,1	0,5	263
60/2-7	8092	10,4	0,8	235	8257	10,9	0,6	262	8133	10,8	0,6	276
60/2-8	10517	16,4	3,6	220	10508	16,6	3,5	249	10310	16,2	3,9	265
60/2-9	9707	15,4	4,4	205	8782	14,1	3,0	294	8888	14,2	2,9	301
60/2-10	9301	13,2	5,5	243	8983	13,1	2,4	278	9145	13,3	2,0	278
Ø	8795,8	12,39	2,25	227,2	8664,8	12,38	1,69	270,3	8614,5	12,28	1,71	277,6
120/2-1	8000	10,2	0,4	229	7731	10,4	0,6	265	7696	10,4	0,6	293
120/2-2	7337	8,6	0,8	240	7534	9,1	0,8	273	7358	8,9	0,7	286
120/2-3	8212	12,4	0,9	233	7665	11,8	0,6	267	7916	12,3	0,9	289
120/2-4	6930	8,1	0,1	230	7049	8,8	0,3	268	6933	8,3	0,3	288
120/2-5	7253	8,0	0,2	233	7319	8,7	0,3	263	7178	8,2	0,1	290
120/2-6	7538	10,4	1,3	245	7272	10,0	0,7	252	7369	10,3	1,4	316
120/2-7	5917	7,8	0,1	234	5841	7,9	0	272	5922	8,1	0,2	267
120/2-8	6691	8,4	0,3	238	6532	8,6	0,4	261	6586	8,8	0,4	273
120/2-9	7279	8,6	0,1	246	7249	9,0	0,2	267	7322	9,0	0,4	283
120/2-10	6292	8,0	0	229	6355	8,4	0,2	269	6239	8,1	0,1	274
Ø	7144,9	9,05	0,42	235,7	7054,7	9,27	0,41	265,7	7051,9	9,22	0,51	285,9
60/3-1	7765	11,2	1,2	232	7592	11,0	1,4	253	7673	11,1	1,3	269
60/3-2	7905	10,4	1,1	225	8046	10,7	1,0	249	7988	10,6	1,3	263
60/3-3	10048	16,1	4,2	180	9835	15,9	3,5	242	9746	15,5	3,4	255
60/3-4	7021	8,3	0,3	225	7077	8,6	0,6	257	6993	8,5	0,4	260
60/3-5	6882	8,7	0	232	6767	8,6	0,1	261	6725	8,5	0	266
60/3-6	6959	10,1	0,9	224	6815	10,1	0,3	266	6658	10,0	0,4	271
60/3-7	8115	11,2	1,4	229	8201	11,7	1,2	288	8284	11,9	1,4	251
60/3-8	8378	12,6	0,9	198	7949	11,8	0,6	271	8076	12,3	0,5	266
60/3-9	6834	10,1	0,4	219	6750	10,3	0,2	280	6597	10,1	0,4	274
60/3-10	7721	10,6	1,2	230	7669	10,9	1,0	250	7518	10,5	0,8	260
Ø	7762,8	10,93	1,16	219,4	7670,1	11,00	0,99	261,7	7625,8	10,93	0,99	263,5
120/3-1	7285	9,9	0,5	235	6854	9,5	0,3	257	6886	9,2	0,4	263
120/3-2	6507	7,8	0,1	231	6466	8,0	0,2	265	6468	8,1	0,4	287
120/3-3	7314	11,0	1,2	245	6800	10,4	0,8	264	7018	10,9	1,1	332
120/3-4	6633	7,8	0	235	6684	8,3	0	263	6625	8,1	0	259
120/3-5	6855	8,3	0,2	237	6769	8,7	0,2	271	6871	8,8	0,4	270
120/3-6	6571	8,6	0	225	6439	8,7	0,1	254	6535	8,9	0,1	266
120/3-7	5521	7,3	0,4	232	5500	7,6	0,2	254	5559	7,7	0,3	264
120/3-8	5538	6,7	0,6	225	5809	7,2	0,5	245	5575	6,8	0,3	257
120/3-9	6672	8,5	0,5	230	6746	9,0	0,7	249	6558	8,4	0,6	282
120/3-10	6361	8,1	0,1	222	6181	8,1	0	259	6347	8,4	0	253
Ø	6525,7	8,40	0,36	231,5	6424,8	8,55	0,30	258,1	6444,2	8,53	0,36	273,3

Zur Veranschaulichung der Ergebnisqualität sind in Tabelle 1 jeweils die Anzahl der eingesetzten Fahrzeuge sowie die Anzahl der verbleibenden Dreieckstouren aufgeführt. Auch hieran erkennt man, dass die Kombination der verschiedenen Regeln keine nennenswerte Verbesserung bewirkt. Lediglich beim Szenario 60/2 sinkt der Anteil der Dreieckstouren von 18% bei Anwendung von Regel 1-0 auf 14% bei Anwendung von Regel 0.5-0.9. Im Übrigen reduziert sich dieser Anteil, sobald weite Zeitfenster eingerichtet (auf ca. 5%) bzw. mehr Entladungen vorgenommen werden (auf durchschnittlich 10% bzw. 4%).

Aus ökonomischer Sicht ist bemerkenswert, dass bei verbundener Just-in-Time-Distribution, in der die Entsorgung also parallel zur Auslieferung der Hauptprodukte erfolgt, die Lkw-Flotte insgesamt sehr viel besser genutzt werden kann. Bei den zufällig erzeugten Testinstanzen liegt die Anzahl der zur Erledigung von 30 (Teil-)Aufträgen einzusetzenden Lkw um etwa 12% (bei engen Zeitfenstern) bzw. 8% (bei weiten Zeitfenstern) niedriger, wenn für dieselbe Beladestation ein weiterer Entladeauftrag angenommen wird. Vor allem reduzieren sich die unwirtschaftlichen Dreieckstouren um durchschnittlich 60% bzw. 24%.

Verwandte Studien

Von Sol (1994) wurden ähnliche Probleminstanzen für das PDPTW generiert und auf verschiedene Problemklassen für bis zu 50 Aufträge angewandt. Diese Problemklassen unterscheiden sich durch die Zeitfensterbreite, die Ladekapazität der Fahrzeuge sowie die Auftragsgröße. Die genutzten Referenzdaten wurden von Urban (2004) wieder aufgegriffen und für einen modifizierten Ansatz des PDPTW – unter einer allgemeineren Zielfunktion sowie der Beachtung von Servicezeiten – verwendet. Der Basisalgorithmus von Urban, der hier entsprechend der veränderten Problemstellung erweitert worden ist, wurde in mehreren Varianten auf seine Effizienz überprüft und analysiert. Dabei zeigt das Verfahren eine außerordentlich gute Leistungsfähigkeit bereits im Vergleich zum klassischen Simulated Annealing-Ansatz sowie zum einfachen Hill Climber-Verfahren[9], die jeweils ohne eine problemstrukturbezogene Unterstützung bei der Suche nach Verbesserungen auskommen müssen. Der Hill Climber liefert zwar eine um durchschnittlich 41% geringere Rechenzeit als der Basisalgorithmus. Jedoch ist der durchschnittliche relative Fehler doppelt so hoch. Bei der hier zugrunde liegenden Auftragsgröße ($m = 30$) verursacht der Basisalgorithmus einen durchschnittlichen relativen Fehler von ca. 6%; der Vergleichswert des Hill Climbers liegt bei über 10%. Wird der Basisalgorithmus mit einem Hill Climber kombiniert bzw. mit einem langsameren Kühlplan ausgestattet, so nimmt die Lösungsgüte weiter zu. Bei $m = 50$ Aufträgen mit einer halb so schnellen Abkühlung liegt der durchschnittliche relative Fehler bei nur noch ca. 4%. Zugleich erhöht sich die Rechenzeit um das Dreifache. Eine Hybridisierung des Basisalgorithmus durch Ergänzung um den Hill Climber führt hingegen zu einer recht unbedeutenden Verbesserung des relativen Fehlers bei gleichzeitig exponentieller Zunahme der CPU-Zeit. Damit liegt mit dem Basisalgorithmus bereits ein effizientes Verfahren zur Lösung des PDPTW vor.

G. Ausblick

Das hier erörterte Tourenplanungsproblem vom Typ PDPTWJD erhält seine Bedeutung einerseits aus dem steigenden Umweltbewusstsein, das den Unternehmungen eine konsequente, den gesetzlichen Vorschriften entsprechende Verwertung bzw. Beseitigung aller Abfälle, die im Produktionsprozess entstehen, auferlegt. Andererseits werden zur Zeit mit Erfolg geschlossene Supply Chain Management-Systeme („Closed Loop Supply Chains") aufgebaut, bei denen die Abfallverwertung einen prominenten Stellenwert erlangt. Das PDPTWJD schließt die Lücke in einem solchen System dadurch, dass eine Logistikunternehmung explizit als Partner in das Netzwerk der produzierenden bzw. nachfragenden Unternehmungen mit aufgenommen wird. Für die praktische Nutzung des hier vorgeschlagenen Ansatzes ist es erforderlich, dass der Logistikdienstleister direkt in das Informationssystem der übrigen Partner integriert wird, um rechtzeitig über die auszuführenden Speditionsaufträge unterrichtet zu werden. Über sog. On-Board-Units können Veränderungen des Auftragsbestands, z.B. Stornierungen oder eine Verschiebung der Zeitfenster, unmittelbar in die Planung mit aufgenommen werden und auf diese Weise zu einer Anpassung der einzelnen Touren führen. Eine intelligente Dynamisierung des hier vorgestellten hybriden Algorithmus ist prinzipiell möglich, ohne dass die Rechenzeiten dabei außer Kontrolle geraten (vgl. auch Urban, 2004).

In weiteren Untersuchungen ist zu klären, ob und wie die Lösungsmethode optimiert werden kann, wenn geeignete Informationen über die Geographie des logistischen Netzwerks bekannt sind. Dies betrifft zum einen die Beziehung zwischen den Teilaufträgen, die derselben Beladestation zugeordnet sind. Zum anderen ist häufig auch eine Permanenz der Strukturen zu beobachten, die sich daraus ergibt, dass für die Verwertung bzw. Beseitigung von Abfällen im Rahmen einer „Closed Loop Supply Chain" einige wenige Auftragstypen identifiziert werden können, bei denen Be- oder Entladestation jeweils identisch sind. Der hier vorgestellte Verfahrenstyp besitzt insofern einige Freiheitsgrade, als sowohl die Gewichtung der Einfüge- und Vertauschungsoperationen als auch die Parameterfestlegung im Kühlplan in Abhängigkeit von der Problemstruktur vorgenommen werden können.

Schließlich bleibt zu überprüfen, inwieweit der hier vorgestellte Problemtyp durch Abwandlung der Prämissen auf ähnliche Fragestellungen anzuwenden ist. Dies betrifft etwa den Einsatz von speziellen Fahrzeugen für die Entsorgung von Abfällen oder auch die rigorose Anwendung des Prinzips der „Logistik aus einer Hand", wonach alle anfallenden Produkte zu demselben Zeitpunkt von einem Fahrzeug abgeholt werden müssen. Das Tourenplanungsproblem wird in letzter Konsequenz zu einem Teil der Produktions- und Entsorgungsstrategie, die sich über einen entsprechend längeren Planungshorizont erstreckt.

Anmerkungen

1 Die unterschiedliche Notation für das Depot als Abfahrts- bzw. Ankunftsort einer Tour ist modelltheoretisch begründet.
2 Die Entfernung zwischen zwei Aufträgen wird dadurch bestimmt, dass alle möglichen (vier) Entfernungen zwischen den beiden Stationen des Auftrags i und den beiden Stationen des Auftrags j gemessen und anschließend aufsummiert werden.
3 Vertauschungen von Elementen derselben Tour sind ebenso unzulässig wie Vertauschungen von Aufträgen, die jeweils zu einer Dreieckstour gehören.
4 Falls eine Vertauschung mit dem Nachfolger unzulässig ist, erfolgt die Vertauschung mit dem Vorgänger.
5 Der Parameter γ_l, $0 \le \gamma_l \le 1$, sorgt jedoch dafür, dass Einfügungen auch noch in fortgeschrittenen Iterationsphasen vorgenommen werden können
6 Analog wird verfahren, wenn die Kapazitätsbedingungen (19) durch weitere Beladungen zeitweilig verletzt werden (Dankert, 1995). Auch hier können Nachbarlösungen sehr wohl wieder zulässig bzw. sogar optimal sein.
7 Soweit die Zielfunktion lediglich auf den Entfernungskosten basiert, kann diese Annahme zumindest für das TSP als einem Spezialfall des PDPTW als verifiziert gelten (Aarts, Korst und van Laarhoven, 1988). Für die erweiterte Zielfunktion (1) steht eine Überprüfung aus.
8 Der Startwert für die Annahmewahrscheinlichkeit sollte zu Beginn des Iterationsprozesses recht hoch angesetzt werden ($p_0 \approx 1$) (van Laarhoven und Aarts, 1992).
9 Ausgehend von einer Anfangslösung X, die hier in Form von Dreieckstouren existiert, wird beim Hill Climber in der Nachbarschaft NB(X) nach einer besseren Lösung Y und $C(Y) < C(X)$ gesucht. Die erste Verbesserung wird dann wieder zum Ausgangspunkt der weiteren Suche usw. Eine Nachbarlösung besteht in der Einfügung eines Auftrags (Be- und Entladestation) in eine andere Tour.

Literatur

Aarts, Emile H.L.; Jan H.M. Korst und Peter J.M. van Laarhoven (1988): A Quantitative Analysis of the Simulated Annealing Algorithm: A Case Study for the Traveling Salesman Problem, in: Journal of Statistical Physics, Volume 50, S. 187–206

Aarts, Emile H.L., und Peter J.M. van Laarhoven (1985): Statistical Cooling: A General Approach to Combinatorial Optimization Problems, in: Philips Journal of Research, Volume 40, S. 193–226

Caseau, Yves, und François Laburthe (1999): Heuristics for Large Constraint Vehicle Routing Problems, in: Journal of Heuristics, Volume 5, S. 281–303

Dankert, Ursula (1995): Planung des Designs flexibler Fertigungssysteme, Wiesbaden

Dethloff, Jan (1994): Verallgemeinerte Tourenplanungsprobleme. Klassifizierung, Modellierung, Lösungsmöglichkeiten, Göttingen

Dethloff, Jan (2001): Vehicle Routing and Reverse Logistics: The Vehicle Routing Problem with Simultaneous Delivery and Pick-up, in: OR Spektrum, Volume 23, S. 79–96

Domschke, Wolfgang, und Andreas Drexl (1997): Logistik: Rundreisen und Touren, 4. Auflage, Oldenbourg Verlag, München und Wien

Dumas, Yvan; Jacques Desrosiers und François Soumis (1991): The Pickup and Delivery Problem with Time Windows, in: European Journal of Operational Research, Volume 54, S. 7–22

Dyckhoff, Harald (1994): Betriebliche Produktion. Theoretische Grundlagen einer umweltorientierten Produktionswirtschaft, 2. Auflage, Springer-Verlag, Berlin et al.

Fleischmann, Moritz (2001): Quantitative Models for Reverse Logistics, Springer-Verlag, Berlin

Goldberg, David (1989): Genetic Algorithms in Search, Optimiziation, and Machine Learning, Addison Wesley Publishing Company Inc., New York

Klein, Benjamin; Robert G. Crawford und Armen A. Alchian (1978): Vertical Integration, Appropriate Rents, and the Competitive Contracting Process, in: Journal of Law and Economics, Volume 21, S. 297–326

Laarhoven, Peter J.M. van, und Emile H.L. Aarts (1992): Simulated Annealing: Theory and Application, Reprint, Dordrecht

Min, Hokey (1998): The Multiple Vehicle Routing Problem with Simultaneous Delivery and Pickup Points, in: Transportation Research-A, Volume 23 A, S. 377–386

Mitrović-Minić, Snezana (1998): Pickup and Delivery Problem with Time Windows: A Survey, Technical Report SFU CMPT TR 1998–12, Burnaby B.C.

Osman, Ibrahim H., und Gilbert Laporte (1996): Metaheuristics: A Bibliography, in: Annals of Operations Research, Volume 63, S. 513–623

Reeves, Colin R. (1995): Modern Heuristic Techniques for Combinatorial Problems, Oxford

Savelsbergh, Martin W.P., und Marc Sol (1995): The General Pickup and Delivery Problem, in: Transportation Science, Volume 29, S. 17–29

Sexton, Thomas R., und Lawrence D. Bodin (1985): Optimizing Single Vehicle Many-to-Many-Operations with Desired Delivery Times, in: Transportation Science, Volume 19, S. 378–435

Sol, Marc (1994): Column Generation Techniques for Pickup and Delivery Problems, Eindhoven

Sotskov, Yuri N.; Thomas Tautenhahn und Frank Werner (1996): Heuristics for Permutation Flow Shop Scheduling with Batch Setup Times, in: OR Spektrum, Volume 18, S. 67–80

Thompson, Paul M., und Harilaos M. Psaraftis (1993): Cyclic Transfer Algorithms for Multivehicle Routing and Scheduling Problems, in: Operations Research, Volume 41, September-October 1993, S. 935–946

Toth, Paolo, und Daniel Vigo (1997): Heuristic Algorithms for the Handicapped Persons Transportation Problem, in: Transportation Science, Volume 31, February 1997, S. 60–71

Urban, Karsten-Patrick (2004): Planung von Just-in-Time-Belieferungen mit lokalen Suchverfahren, Books on Demand, Norderstedt

Wendt, Oliver (1995): Tourenplanung durch Einsatz naturanaloger Verfahren, Wiesbaden

Wildemann, Horst (2000): Supply Chain Management, TransferCentrum Verlag, München

Zusammenfassung

Bei der Tourenplanung ist verstärkt dem Problem der Entsorgung von Abfällen, die im Rahmen der Produktion entstehen, Rechnung zu tragen. Da viele Unternehmungen auf eine systematische Lagerhaltung verzichten, entsteht durch die Verbundfertigung auch bei der Entsorgung dadurch ein Verbundproblem, dass die Entsorgung der Abfälle zeitgleich mit der Distribution der Güter erfolgen sollte. Häufig wird deshalb der entsprechende Auftrag an ein und dieselbe Logistikunternehmung erteilt, um den Entsorgungsaufwand zu minimieren. Hier wurde ein mathematisches Modell entwickelt, zu dessen Lösung ein Algorithmus auf der Grundlage des „Simulated Annealing“ vorgeschlagen wurde. Die Simulationsrechnungen zeigen anhand ausgewählter Parameterkombinationen die Lösungsgüte des Verfahrens.

Summary

Generally, vehicle routing must not be carried out without considering the problem of waste disposal, resulting from nearly each production process. As many firms practise just in time deliveries, a joint transportation problem comes up with a joint production because the waste disposal has to be effected at the same time. In practice, the orders for distributing the goods and disposing the waste are combined with each other and are given to the one and only logistics firm in order to realise synergy effects. To meet this problem, a mathematical model has been developed, for the solution of which an algorithm adapting the simulated annealing approach has been proposed. The numerical results demonstrate the efficiency of the method and how it works under different parameter configurations.

JEL: C61, M11

Die **Zeitschrift für Betriebswirtschaft (ZfB)** ist eine der ältesten deutschen Fachzeitschriften der Betriebswirtschaftslehre. Sie wurde im Jahre 1924 von Fritz Schmidt begründet und von Wilhelm Kalveram, Erich Gutenberg und Horst Albach fortgeführt. Sie wird heute von 14 Universitätsprofessoren, die als **Department Editors** fungieren, herausgegeben. Dem **Editorial Board** gehören namhafte Persönlichkeiten aus Universität und Wirtschaftspraxis an. Die Fachvertreter stammen aus den USA, Japan und Europa.

Die ZfB verfolgt das Ziel, die **Forschung auf dem Gebiet der Betriebswirtschaftslehre** anzuregen sowie zur Verbreitung und Anwendung ihrer Ergebnisse beizutragen. Sie betont die Einheit des Faches; enger und einseitiger Spezialisierung in der Betriebswirtschaftslehre will sie entgegenwirken. Die Zeitschrift dient dem **Gedankenaustausch zwischen Wissenschaft und Unternehmenspraxis**. Sie will die betriebswirtschaftliche Forschung auf wichtige betriebswirtschaftliche Probleme in der Praxis aufmerksam machen und sie durch Anregungen aus der Unternehmenspraxis befruchten.

In der ZfB können auch englischsprachige Aufsätze veröffentlicht werden. Die Herausgeber begrüßen die Einreichung englischsprachiger Beiträge von deutschen und internationalen Wissenschaftlern. Durch die Zusammenfassungen in englischer Sprache sind die deutschsprachigen Aufsätze der ZfB auch internationalen Referatenorganen zugänglich. Im Journal of Economic Literature werden die Aufsätze der ZfB zum Beispiel laufend referiert.

Die Qualität der Aufsätze in der ZfB wird durch die Herausgeber und einen Kreis renommierter Gutachter gewährleistet. Das **Begutachtungsverfahren** ist doppelt verdeckt und wahrt damit die Anonymität von Autoren wie Gutachtern gemäß den international üblichen Standards. Jeder Beitrag wird von zwei Fachgutachtern beurteilt. Bei abweichenden Gutachten wird ein Drittgutachter bestellt. Die Department Editors entscheiden auf der Grundlage der Gutachten eigenverantwortlich über die Annahme und Ablehnung der von ihnen betreuten Manuskripte. Sie können Beiträge auch ohne Begutachtungsverfahren ablehnen, wenn diese formal oder inhaltlich von den Vorgaben der ZfB abweichen.

Die ZfB veröffentlicht im Einklang mit diesen Grundsätzen und Zielen:

- **Aufsätze** zu theoretischen und praktischen Fragen der Betriebswirtschaftslehre einschließlich von Arbeiten junger Wissenschaftler, denen sie ein Forum für die Diskussion und die Verbreitung ihrer Forschungsergebnisse eröffnet,
- **Ergebnisse der Diskussion** aktueller betriebswirtschaftlicher Themen zwischen Wissenschaftlern und Praktikern,
- **Berichte** über den Einsatz wissenschaftlicher Instrumente und Konzepte bei der Lösung von betriebswirtschaftlichen Problemen in der Praxis,
- **Schilderungen von Problemen** aus der Praxis zur Anregung der betriebswirtschaftlichen Forschung,
- **„State of the Art"-Artikel**, in denen Entwicklung und Stand der Betriebswirtschaftslehre eines Teilgebietes dargelegt werden.

Die ZfB informiert ihre Leser über **Neuerscheinungen** in der Betriebswirtschafslehre und der Management Literatur durch ausführliche Rezensionen und Kurzbesprechungen und berichtet in ihrem **Nachrichtenteil** regelmäßig über betriebswirtschaftliche Tagungen, Seminare und Konferenzen sowie über persönliche Veränderungen vorwiegend an den Hochschulen. Darüber hinaus werden auch Nachrichten für Studenten und Wirtschaftspraktiker veröffentlicht, die Bezug zur Hochschule haben. Die ZfB veröffentlicht keine Aufsätze, die wesentliche Inhalte von **Dissertationen** wiedergeben. Sie rezensiert aber publizierte Dissertationen.

Verlag

Gabler Verlag/GWV Fachverlage GmbH,
Abraham-Lincoln-Straße 46, 65189 Wiesbaden,
http://www.gabler.de
http://www.zfb-online.de
Geschäftsführer: Andreas Kösters
Verlagsleitung: Dr. Heinz Weinheimer
Programmleitung Wissenschaft: Claudia Splittgerber
Gesamtleitung Produktion: Reinhard van den Hövel
Gesamtleitung Vertrieb: Gabriel Göttlinger

Editor-in-Chief:
Professor Dr. Günter Fandel
FernUniversität in Hagen
Fachbereich Wirtschaftswissenschaft
58084 Hagen
E-Mail: ZfB@FernUni-Hagen.de

Anfragen an den Editor-in-Chief: Briefe an den Editor-in-Chief mit der Bitte um Auskünfte etc. können nur beantwortet werden, wenn ihnen Rückporto beigefügt ist. Von Anfragen, die durch Einsicht in die Jahresinhaltsverzeichnisse beantwortet werden können, bitten wir abzusehen.

Redaktion: Susanne Kramer, Tel.: 06 11/78 78-2 34,
E-Mail: Susanne.Kramer@Gabler.de

Annelie Meisenheimer, Tel.: 06 11/78 78-2 32, Fax: 06 11/78 78-411,
E-Mail: Annelie.Meisenheimer@Gabler.de

Abonnentenbetreuung: Doris Schöne, Tel.: 0 52 41/80 19 68,
Fax: 0 52 41/80 96 20

Produktmanagement: Kristiane Alesch, Tel.: 06 11/78 78-3 59,
Fax: 06 11/78 78-4 39, E-Mail: Kristiane.Alesch@Gabler.de

Anzeigenleitung: Christian Kannenberg, Tel.: 06 11/78 78-3 69,
Fax: 06 11/78 78-4 30, E-Mail: Christian.Kannenberg@gwv-fachverlage.de

Anzeigendisposition: Monika Dannenberger,
Tel.: 06 11/78 78-1 48, Fax: 06 11/78 78-4 30,
E-Mail: Monika.Dannenberger@gwv-fachverlage.de

Es gilt die Anzeigenpreisliste Nr. 27 vom 1. 10. 2002.

Produktion/Layout: Bernhard Laquai

Bezugsmöglichkeiten: Die Zeitschrift erscheint monatlich. Kündigung des Abonnements spätestens sechs Wochen vor Ablauf des Bezugszeitraumes schriftlich mit Nennung der Kundennummer. Eine schriftliche Bestätigung erfolgt nicht. Jährlich können 1 bis 6 Ergänzungshefte hinzukommen. Jedes Ergänzungsheft wird den Jahresabonnenten mit einem Nachlaß von 25% des jeweiligen Ladenpreises gegen Rechnung geliefert. Kündigung des Abonnements spätestens sechs Wochen vor Ablauf des Bezugszeitraumes schriftlich mit Nennung der Kundennummer.

	Preise Inland:	Preise Ausland:
Einzelheft:	32,– Euro	40,– Euro
Studenten-*/Emeritus-Abo:	60,– Euro	78,– Euro
ausgewählte Verbände:**	144,– Euro	162,– Euro
Privat-Abo:	174,– Euro	192,– Euro
Lehrstuhl-Abo:	198,– Euro	216,– Euro
Bibliotheks-/Unternehmensabo:	348,– Euro	366,– Euro

* Studienbescheinigung
** auf Anfrage beim Verlag

Der Gabler Verlag ist ein Unternehmen von Springer Science+Business Media.

Satzherstellung: Fotosatz-Service Köhler GmbH,
97084 Würzburg.
Druck und Verarbeitung: Wilhelm & Adam, 63150 Heusenstamm.

Gedruckt auf säurefreiem und chlorfrei gebleichtem Papier.

Printed in Germany ISSN: 0044-2372

Hinweise für Autoren

1. Bitte beachten Sie die „Grundsätze und Ziele" der ZfB.

2. Die ZfB bietet ihren Autoren die Möglichkeit der Online-Einreichung ihrer Beiträge an. Manuskripte – in deutscher oder englischer Sprache – können vom Autor unter http://mc.manuscriptcentral.com/zfb direkt in das Manuskriptverwaltungssystem eingespeist werden. Hierbei ist insbesondere auf die Wahrung der Anonymität der zur Begutachtung eingereichten Vorlagen zu achten. Der Autor verpflichtet sich mit der Einsendung des Manuskripts unwiderruflich, das Manuskript bis zur Entscheidung über die Annahme nicht anderweitig zu veröffentlichen oder zur Veröffentlichung anzubieten. Diese Verpflichtung erlischt nicht durch Korrekturvorschläge im Begutachtungsverfahren.

3. Aufsätze, die im wesentlichen Ergebnisse von Dissertationen wiedergeben, werden nicht veröffentlicht. Um die Ergebnisse von Dissertationen breiter bekannt zu machen, hat die ZfB eine Rubrik „Dissertationen" im Besprechungsteil eingeführt. Hier werden vorzugsweise Erstgutachten von Dissertationen – in entsprechend gekürzter Form – abgedruckt.

4. Alle eingereichten Manuskripte werden, wie international üblich, einem doppelt verdeckten Begutachtungsverfahren unterzogen, d.h. Autoren und Gutachter erfahren ihre Identität gegenseitig nicht. Die Gutachten werden den Autoren und den Gutachtern gegenseitig in anonymisierter Form zur Kenntnis gebracht. Jeder Beitrag wird von zwei Fachgutachtern beurteilt. Bei abweichenden Gutachten wird ein dritter Gutachter bestellt. Durch dieses Verfahren soll die fachliche Qualität der Beiträge gesichert werden. Die Department Editors entscheiden auf der Grundlage der Gutachten eigenverantwortlich über die Annahme und Ablehnung der von ihnen betreuten Manuskripte. Auch haben sie das Recht, einen Beitrag direkt abzulehnen, wenn er aus formalen und/oder inhaltlichen Gründen von den Vorgaben der Zeitschrift abweicht.

5. Die Manuskripte sind in Times New Roman, 12 Punkt, 1½zeilig mit 2,5 cm Rand zu schreiben. Sie sollten nicht länger als 25 Schreibmaschinenseiten sein. Der Titel des Beitrages und der/die Verfasser mit vollem Titel und ausgeschriebenen Vornamen sowie beruflicher Stellung sind auf der ersten Manuskriptseite aufzuführen. Dem Beitrag ist ein „Überblick" von höchstens 15 Zeilen voranzustellen, in dem das Problem, die angewandte Methodik, das Hauptergebnis in seiner Bedeutung für Wissenschaft und/oder Praxis dargestellt werden. Die Aufsätze sind einheitlich nach dem Schema A., I., 1., a) zu gliedern. Endnoten (Times New Roman, 12 pt) sind im Text fortlaufend zu numerieren und am Schluß des Aufsatzes unter „Anmerkungen" zusammenzustellen. Anmerkungen und Literatur sollen getrennt aufgeführt werden. Im Text und in den Anmerkungen soll auf das Literaturverzeichnis nach dem Schema: (Gutenberg, 1982, S. 352) verwiesen werden. Jedem Aufsatz muß eine „Summary" in englischer Sprache von nicht mehr als 15 Zeilen Länge und eine deutsche Zusammenfassung gleicher Länge angefügt werden. Über Abbildungen und Tabellen ist eine Legende vorzusehen (z.B.: Abb. 1: Kostenfunktion, bzw. Tab. 2: Rentabilitätsentwicklung). Abbildungen und Tabellen sind an der betreffenden Stelle des Manuskripts in Kopie einzufügen und im Original (reproduzierfähig) dem Manuskript beizulegen. Mathematische Formeln sind fortlaufend zu numerieren: (1), (2) usw. Sie sind so einfach wie möglich zu halten. Griechische- und Fraktur-Buchstaben sind möglichst zu vermeiden, ungewöhnliche mathematische und sonstige Zeichen für den Setzer zu erläutern. Auf mathematische Ableitungen soll im Text verzichtet werden; sie sind aber für die Begutachtung beizufügen.
Mit dem Manuskript liefert der Autor ein reproduzierfähiges Brustbild (Passphoto) von sich sowie eine kurze Information (max. 7 Zeilen) zu seiner Person und seinen Arbeitsgebieten.

6. Der Autor verpflichtet sich, die Korrekturfahnen innerhalb einer Woche zu lesen und die Mehrkosten für Korrekturen, die nicht vom Verlag zu vertreten sind, sowie die Kosten für die Korrektur durch einen Korrektor bei nicht termingerechter Rücksendung der Fahnenkorrektur zu übernehmen.

7. Der Autor ist damit einverstanden, daß sein Beitrag außer in der Zeitschrift auch durch Lizenzvergabe in anderen Zeitschriften (auch übersetzt), durch Nachdruck in Sammelbänden (z.B. zu Jubiläen der Zeitschrift oder des Verlages oder in Themenbänden), durch längere Auszüge in Büchern des Verlages auch zu Werbezwecken, durch Vervielfältigung und Verbreitung auf CD-ROM oder anderen Datenträgern, durch Speicherung auf Datenbanken, deren Weitergabe und dem Abruf von solchen Datenbanken während der Dauer des Urheberrechtsschutzes an dem Beitrag im In- und Ausland vom Verlag und seinen Lizenznehmern genutzt wird.

www.ingramcontent.com/pod-product-compliance
Lightning Source LLC
LaVergne TN
LVHW082043051026
849532LV00011B/3458

* 9 7 8 3 8 3 4 9 0 1 3 4 7 *